小中一貫教育を検証する

山本由美 編

花伝社

目次

Ⅰ　何のための小中一貫教育か

山本由美

第1章　小中一貫教育問題とは何か

1　急増する小中一貫教育

全国の自治体で小中一貫教育、小中一貫校が急速に増加している。また、民主党政権になって鳴り物入りで立ち上げられた内閣府「新しい公共」円卓会議は、二〇一〇年二月、鳩山首相、菅代表（当時）とともに、全市で小中一貫教育を導入している三鷹市のにしみたか学園第四小学校を視察している。この政権がモデルとする教育改革のあり方を、新しいコミュニティと結びついた小中一貫校に見ていることが示唆される。

小中一貫教育は、二〇〇〇年に広島県呉市が文部省（当時）の「研究開発学校制度」というカリキュラム上の特例を認める制度によって導入したのが始まりであった。その後、この「研究開発学校制度」および、内閣府の構造改革特区制度の教育特区（〇三年〜）によって全国に拡大していったものである。内閣府は、特区において小中連携に関する取り組みを行っている自治体を六七件（〇七年）とカウントしている。しかし、その中には多数の小学校英語特区が含まれており、実際に小中一貫教育を行っている数はそこまで多くはないようだ。また、〇八年四月から、文科省の教育課程特例校制度を利用して、特区などによらなくても文科大臣の指定により行うことができるようになり一層拡大した。

表1　全国の施設一体型小中一貫校

開校時期	自治体	学校	児童生徒数
2006年	東京都品川区	日野学園	966人
	東京都足立区	興本扇学園	810人
	宮崎県日向市	平岩小中学校	約250人
	奈良市	田原小中学校	約100人
2007年	広島県呉市	呉中央学園	約730人
	東京都品川区	伊藤学園	1126人
	宮城県登米市	豊里小・中学校	533人
2008年	広島県府中市	府中学園	1059人
	東京都品川区	八潮学園	709人
	川崎市	はるひ野小中学校	610人
	大阪府箕面市	とどろみの森学園	125人
	佐賀市	小中一貫芙蓉校	約170人
	佐賀県唐津市	七山小中学校	約190人
	福岡市	照葉小中学校	約630人
2009年	千葉県鴨川市	長峡学園	306人
	福岡市	小呂小中学校	15人（島嶼部）
2010年	東京都品川区	荏原平塚学園	約470人
	東京都足立区	新田学園	約540人
	東京都武蔵村山市	村山学園	約650人
	神奈川県横浜市	霧が丘小中学校	約1000人
	滋賀県高島市	高島小中学校	約570人
	香川県高松市	高松第一学園	約1100人
	福岡県八女市	上陽北汭《ほくぜい》学園	約230人
	鹿児島県南さつま市	坊津学園	約150人
2011年	東京都品川区	品川地区	約830人
	京都市東山地区	開晴小中学校	約800人
	島根県松江市	八束小中学校	約320人
2012年	東京都渋谷区	本町小中一貫教育校	約520人
	京都府宇治市	宇治第1小中教育校	約1000人
	京都市南区	南区小中一貫校	約820人
	茨城県つくば市	春日小中一貫校	約900人
	熊本県宇城市	豊野小中一貫校	
2013年	東京都品川区	荏原東地区小中一貫校	

その中には、①施設一体型の小中一貫校（一つの学校の中に小・中学校を含む）、②小中一貫カリキュラムを行う施設分離型の小中一貫校（三鷹市のように複数の小・中学校の上部組織として「学園」を置くもの――例えば「にしみたか学園第四小学校」といった名称になる――も、置かないものも含まれる）、③緩やかな小中連携教育を行う施設別の小・中学校、といった異なったタイプのものが見られる。本稿では、主に①と②を対象に論じていきたい。

小中一貫教育全国連絡協議会によると、二〇一〇年一月段階で施設一体型小中一貫校

表2　小中一貫教育を全市導入する自治体

実施時期	自治体	対象小学校数	対象中学校数
2005年	大阪府寝屋川市＊	24	12
2006年	東京都品川区	37	15
2007年	熊本県宇土市	7	3
2008年	宮崎県日向市	15	6
	栃木県日光市	11	8
2009年	鹿児島県薩摩川内市	46	16
	千葉県鴨川市	10	4
	東京都三鷹市	15	7
	宮崎県小林市	11	8
	宮崎県日南市	17	10
	大分県佐伯市	31	14
2010年	埼玉県八潮市	10	5
	島根県松江市	34	15
2011年	新潟県三条市	23	9
	京都市	181	76
	大阪市	299	130
	兵庫県神戸市	163	86
2012年	京都府宇治市	22	9
	神奈川県横浜市	346	145
	栃木県宇都宮市	68	25
	青森県むつ市	15	9
2013年	福岡県宗像市	15	7
時期不明	兵庫県姫路市	71	35
	大阪府堺市	96	43
	大阪府門真市	15	7

＊　大阪府寝屋川市は英語特区

は二二都道府県四〇校（開校予定を含む）、施設分離型小中一貫校が約一九〇〇校あり、校数は増加しつつあるという。

表1は、全国における施設一体型小中一貫校、**表2**は、小中一貫教育を全市導入する自治体の一覧表である。二〇〇三年に小中一貫教育特区に認可された東京都品川区では、その後九〇億円をかけて新設した日野学園（二〇〇六年開校）、伊藤学園（〇七年開校）、八潮学園（〇八年開校）、荏原平塚学園（一〇年）が一覧表に名前を連ねている（表1）。また、教育改革に積極的な東京都足立区で、学校選択制の選択動向から外れる鉄道沿線から遠い地域の数校をまとめてつくられた興本扇学園、最初の小中一貫の研究開発学校であった広島県呉市の二小・一中をまとめた呉中央学園、地域で反対運動を引き起こしている京都市東山区の五小・二中の大規模統合校である開晴小中学校、同様に反対運動が起きた東京都渋谷区の本町小中一貫教育校（仮称）などが続いている。都市部の小中一貫校の中には、全児童・生徒数が一〇〇〇名前後の大規模なものが目立つ。他方、山間部のへき地などの小中

一貫校には少ない児童・生徒数をまとめたものも存在する。この数年間のうちに、東京、広島、京都などの自治体が率先して一貫校を進め、周囲の自治体にも拡大している。

その中でも、東京の品川区や三鷹市は全国の小中一貫教育のモデル的な役割を果たしている。〝品川詣で〟と称される全国の教育委員会職員による新しい小中一貫校訪問は引きも切らず、小中一貫教育全国連絡協議会による小中一貫教育サミットには一五〇〇名以上の参加者が訪れる。東京は、全国の中でも産業構造の転換に成功し、新しい〝人材〟養成の必要性から、先行的に学校選択制、学力テストなどの新自由主義的な教育改革を行ってきた。そして、小中一貫教育もそのような教育改革の中に位置づけられる。

他方、小中一貫教育全市導入の自治体をみると、小学校英語教育特区になる際に、二小学校と一中学校で連携した英語教育を行う、という名目で導入した大阪府寝屋川市を皮切りに、教育改革で有名な品川区が続き、全国の大都市を中心に波及していることが見て取れる。その中でも、京都市（小学校一八一校、中学校七六校）に引き続き、横浜市（小・三四六校、中・一四五校）、大阪市（小・二九九校、中・一三〇校）、神戸市（小・一六三校、中・八六校）など、多くの学校を擁する自治体が、最近になって小中一貫教育全市導入を公表し、これが大きな教育運動になっていることがわかる。

それらの自治体の多くが小中一貫教育の根拠としているのは、二〇〇五年の中央教育審議会答申「新しい時代の義務教育を創造する」における「義務教育に関する制度の見直し」の以下の部分である。

> 義務教育を中心とする学校種間の連携・接続の在り方に大きな課題があることがかねてから指摘されている。また、義務教育に関する意識調査では、学校の楽しさや教科の好き嫌いなどについて、従来からいわれている中学校一年生時点のほかに、小学校五年生で変化が見られ、小学校四〜五年生段階で発

達上の段差があることがうかがわれる。研究開発学校や構造改革特別区域などにおける小中一貫教育などの取組の成果を踏まえつつ、例えば、設置者の判断で九年制の義務教育学校を設置することの可能性やカリキュラム区分の弾力化など、学校種間の連携・接続を改善するための仕組みについて種々の観点に配慮しつつ十分に検討する必要がある。

ここでは、小学校五年生での発達上の「段差」の存在から、六・三制の区分を見直し、「四・三・二制」などの小中一貫カリキュラムに移行することの適切性が述べられている。この中で、「従来からいわれている中学一年生時点のほかに、小学五年生で変化が見られ、小学校四〜五年生段階で発達上の段差があることがうかがえる」という部分は、最初に小中一貫教育を導入した呉市の主意書とほぼ同内容であり、品川区などもそれを踏襲している。

また、多くの自治体は、発達段階を踏まえた「中一ギャップ」の解消すなわち、小学校と中学校の文化的なギャップが、中学校一年生から増加する不登校、いじめなど問題行動を引き起こしているので、小・中の接続・連携によって解消するという点を導入理由に挙げている。これらの導入理由は、どの自治体でも驚くほど類似している。

しかし、果たして小中一貫教育が子どもにとってどのような意味を持っているのか、どのような影響を及ぼすのか、十分な検証がなされているとはいえない。中教審答申の内容について、審議過程の中で上記の小中一貫教育推進を強く支持していたのは、中教審委員である若月秀夫品川区教育長本人であった。この時、他の委員たちの主たる関心は、主に義務教育費国庫負担制度の改廃問題であった。すなわち、教員給与について国から一定の支出がなされる仕組みである義務教育費国庫負担制度について中心的に議論が展開し、自治体首長である委員らがその廃止と財源の地方移譲を訴えた。それに対して、文科省サイドや教育学者の委員たちが維持を主張し、結局同制度は維持されることになった。しかし、その他の論点である九年制義務教育学校や小中一貫教育の是非については十分な議論が尽くされていたとはいえない。

その後、類似した導入理由を用いて、次々と自治体が導入していく流れの中で、小中一貫教育が教育改革の一環を占める路線は既成事実になってしまった感がある。品川区や京都市、呉市などが中心となる小中一貫サミットに全国の教育委員会職員が参加して、小中一貫のノウハウを学んで拡大している。しかし、実際に導入される小中一貫教育は、そのような目的のための制度ではなく、多くの場合、学校統廃合を行うために全国的に普及している。

2　学校統廃合を進めるための小中一貫教育

他方で、小中一貫教育は、全国で学校統廃合を進める方途として強力に機能している。

学校統廃合の件数自体は、二〇〇一年頃から増加している（表3）。これは、全国の市町村合併に伴う統廃合の増加、および、東京などでの学校選択制導入とリンクした小規模校の統廃合が増加していることによる。ところが、九〇年代後半から政府や財界が提唱し増加してきた学校選択制について、二〇〇八年にはこれを導入する自治体がほぼ皆無となり、見直しの動向が始まる。群馬県前橋市が選択制を廃止し、江東区が小学校選択の「見直し」を図る。その背景には、選択制導入によって起きる様々な問題の存在が挙げられる。二〇〇八年に文科省が教育委員会対象に実施したアンケートでは、選択制のデメリットとして「地域の教育力の低下」が挙げられた。また、すべての自治体に選択制がふさわしいわけではなく、学校運営協議会の方がよ

表3　公立学校の年度別廃校発生数

（学校数）

年度	小学校	中学校	高校等	計
1992	136	42	11	189
1993	100	43	12	155
1994	160	47	8	215
1995	122	46	11	179
1996	163	43	19	225
1997	122	50	13	185
1998	153	47	17	217
1999	123	43	18	184
2000	199	51	15	265
2001	221	64	26	311
2002	228	68	46	342
2003	276	80	65	421
2004	372	118	86	576
2005	316	71	70	457
2006	248	70	104	422
2007	273	76	115	464
計	3212	959	636	4807

出所）文部科学省。

く機能する自治体もあると結論づけられていた。

表4は、この数年の間に全国で小中一貫校を利用して学校統廃合計画を推進あるいは計画化している自治体の一覧である。特に近畿、四国、九州地方で、このような計画が積極的に進められている。やや取り組みが少ない中部地方の一部以外では、ほぼすべての地方でこのような計画が進められているのがわかる。小中一貫校を利用した統廃合計画は現在進行形のものが多く、まだ廃校の実数としては多くがカウントされていないが、今後急速に増えることが予想される。

保護者や住民は、学校統廃合に対しては抵抗感が強いが、子どもたちにとって「新しく教育効果も高い小中一貫教育」を提供するという触れ込みの小中一貫校の新設は歓迎しがちだ。特に、保護者には、「エリート校になる」「子どもたちが〝勝ち組〟になる」といった、実は検証されているわけではない俗説が受け入れられやすい。また、当然のことであるが、山間部やへき地などでは少子化の中、少しでも大きな子ども集団が確保されることも支持される。遠距離の通学は、通常スクールバスが準備されるが、モータリゼーションが進む中、保護者が車で送り迎えをすることは以前ほど抵抗感がなくなっている。

行政が保護者の支持を得るために、このような小中一貫校のメリットについての一方的な情報提供を積極的に行い、結果的に多数の保護者が小中一貫校新設に賛成するのに対し、地域から学校がなくなってしまうことを危惧する地域住民が反対する流れが生まれている。特に、高齢化した住民が集落の存続の危機を感じて地域の学校廃校に反対している。しかしながら、保護者が賛同に回ることから、なかなか運動として成立していかないケースも多い。一般的に、小学校・中学校の学校統廃合は、保護者、教職員、地域住民の三者が共同して反対運動を行うことができれば行政の執行を阻止できるケースもあるのだが、各勢力が分断されてしまうと計画を覆すことは難しくなる。小中一貫校は、保護者と地域住民の間を分断しやすくする改革である。

逆にいえば、保護者が小中一貫教育のデメリットを強く認識した場合、反対運動が成立することは、第6章の東京都羽村市のケースなどに見てとれる。また、教職員にもカリキュラム面などでさまざまな負担がかかる改革であることから、労働条件の面で教職員が声を挙げやすい自治体では反対運動が成立しやすいようだ。

従来の学校統廃合が、通常は地域的に隣接する小学校同士など同種の二校を対象にして、自治体によっては時間をかけて保護者や地域住民の合意形成をして比較的ていねいに行われていたのに対し、小中一貫校の場合、例えば五つの小学校と二つの中学校といった大量の校数を一度に一校にまとめることができるため、行政にとってうまみが多い改革でもある。小中一貫校が学校統廃合につながっているケースとして、全国の自治体では似通った事態が急速に出現している。以下、具体例を挙げてみる。

●宮城県栗原市のケース

宮城県北端で岩手県に隣接する栗原市では、二〇〇五年に旧栗原郡一〇町村が市町村合併で市（人口約六

近畿	兵庫	姫路市	全市導入
		神戸市	全市導入
	奈良	奈良市	06年小中一貫校開校
		御所市	
	和歌山	橋本市	全市適正配置計画へ
		新宮市	1小1中
		高野町	1小1中
		紀の川市	山間部1小1中
		すさみ町	
中国	広島	呉市	2小1中、全市導入
		府中市	08年小中一貫校開校、1小2中
		竹原市	
四国	徳島	阿南市	
		小松島市	
		つるぎ町	
		佐那河内村	へき地1小1中
	香川	高松市	3小2中→10年高松第1学園開校
		丸亀市	3小1中
	愛媛	松山市	全市導入
		四国中央市	2小1中
	高知	高知市	1小1中（校舎老朽化）
		須崎市	1小1中
九州・沖縄	福岡	飯塚市	
		宗像市	
		八女市	6小2中を1小1中へ、09年小中一貫校開校
		福智町	計画中
	佐賀	佐賀市	08年小中一貫校開校
		小城市	
		唐津市	08年小中一貫校開校
	長崎	佐世保市	
		五島市	小中高一貫教育
	熊本	宇土市	全市導入
		熊本市	
		宇城市	
		益城町	
		小国町	
	大分	大分市	
		佐伯市	全市導入
		日田市	
		中津市	5小1中
	宮崎	宮崎市	
		日向市	06年、08年小中一貫校開校
		小林市	
		日南市	09年全市導入
		串間市	
		西都市	
		えびの市	
		美郷町	
	鹿児島	薩摩川内市	全市導入
		南さつま市	10年小中一貫校開校
	沖縄	那覇市	1小1中

表４　小中一貫校による学校統廃合が行われている自治体
(2010 年７月現在。計画中をふくむ)

	都道府県	自治体	備考
北海道		三笠市	構造改革特区、将来統廃合
東北	青森	むつ市	小 22 校→９、中 11 →９
		三沢市	小中一貫校予算頓挫して延期
	岩手	奥州市	１小１中
		普代村	１小１中
	宮城	栗原市	５小１中
		色麻町	２小１中
		七ケ浜町	小中連携から
	秋田	大潟村	
	山形	新庄市	３小１中
		大石田町	６小１中
	福島	郡山市	
関東	茨城	つくば市	春日小中
	栃木	栃木市	将来的に全小中へ
		宇都宮市	全小中へ
		日光市	全小中へ
		矢板市	
		那須塩原市	
	埼玉	八潮市	
		坂戸市	１小１中
	千葉	銚子市	小 13 →７、中８→３
	東京	江戸川区	11 年新小岩学園開校
		品川区	
		新宿区	２小１中
		武蔵村山市	
	神奈川	横浜市	２校の小中一貫校開校、全市導入へ
中部	新潟	新潟市	
		三条市	11 年全市導入
		湯沢町	５小１中
	長野	信濃町	議会で審議中
	静岡	沼津市	３小１中、うち１小が反対中
		浜松市	
	愛知	日進市	１地区で小中一貫決定
		名古屋市	２小１中（中村区）
	滋賀	高島市	過疎地を小中一貫に
近畿	京都	京都市	５小２中など
		宇治市	全市導入
		舞鶴市	統廃合計画
		八幡市	
	大阪	大阪市	全市導入
		門真市	２小１中方式で全市へ
		吹田市	２小１中、将来全市導入
		池田市	
		堺市	全市導入
		寝屋川市	１小２中方式にするため２小統合
		箕面市	１小１中

表5　金成地区の小中一貫校化で学級数、教員数は

A　現行

	児童数								学級数	県費負担教職員数		
	1年	2年	3年	4年	5年	6年	障級	計		教諭実数	管理職他＊	計
沢辺小	20	29	25	24	18	32	2	150	8	10	4	14
金成小	18	11	10	15	16	11		81	6	8	4	12
萩野小	9	11	5	14	9	14	2	64	7	5	4	9
萩野二小	6	5	6	4	4	7	2	33	5	5	4	9
津久毛小	8	2	7	12	8	10		47	5	6	4	10
計	61	58	53	69	55	74	6	375	31	34	20	54

B　新設の小学校では

	児童数								学級数	県費負担教職員数		
	1年	2年	3年	4年	5年	6年	障級	計		教諭実数	管理職他＊	計
児童数	50	58	53	69	55	74	4	351				
学級数	2	2	2	2	2	2	2		14	15	4	19

＊　校長、教頭、養護教諭、事務職員各1名、計4名。

万人）となった直後、市当局が全市的な学校統廃合計画を公表した。その突破口として旧金成町である金成地区（人口約八〇〇〇人）の五小学校一中学校を統合し、既存の金成中学校校舎を改修して小中学校（一校）にするという計画が打ち出された。五小学校は全て単学級で、三校に複式学級がある。保護者から、複式学級だけは改善してほしい、という声が以前からあったことが小中学校計画に利用される形になった。

たとえ五校を統合しても、新たな小中一貫校は各学年二クラスの学校になるのだが、九年制の小中学校にすることによって「各教科に専任教員を配置できることのできる学級数＝全校で九クラス」以上という市の中学校統合基準をクリアすることができるようになる、と市教委側は説明する。また、小中一貫校はあくまで子どもたちの教育的効果を高めるために行う改革であり、コスト削減といった経済的効果は「結果的に後からついてくる」ものである、とも述べる。

しかし、五小学校を一校にした場合、義務教育費国庫負担制度のもとでは、学級数に応じた教員が配置さ

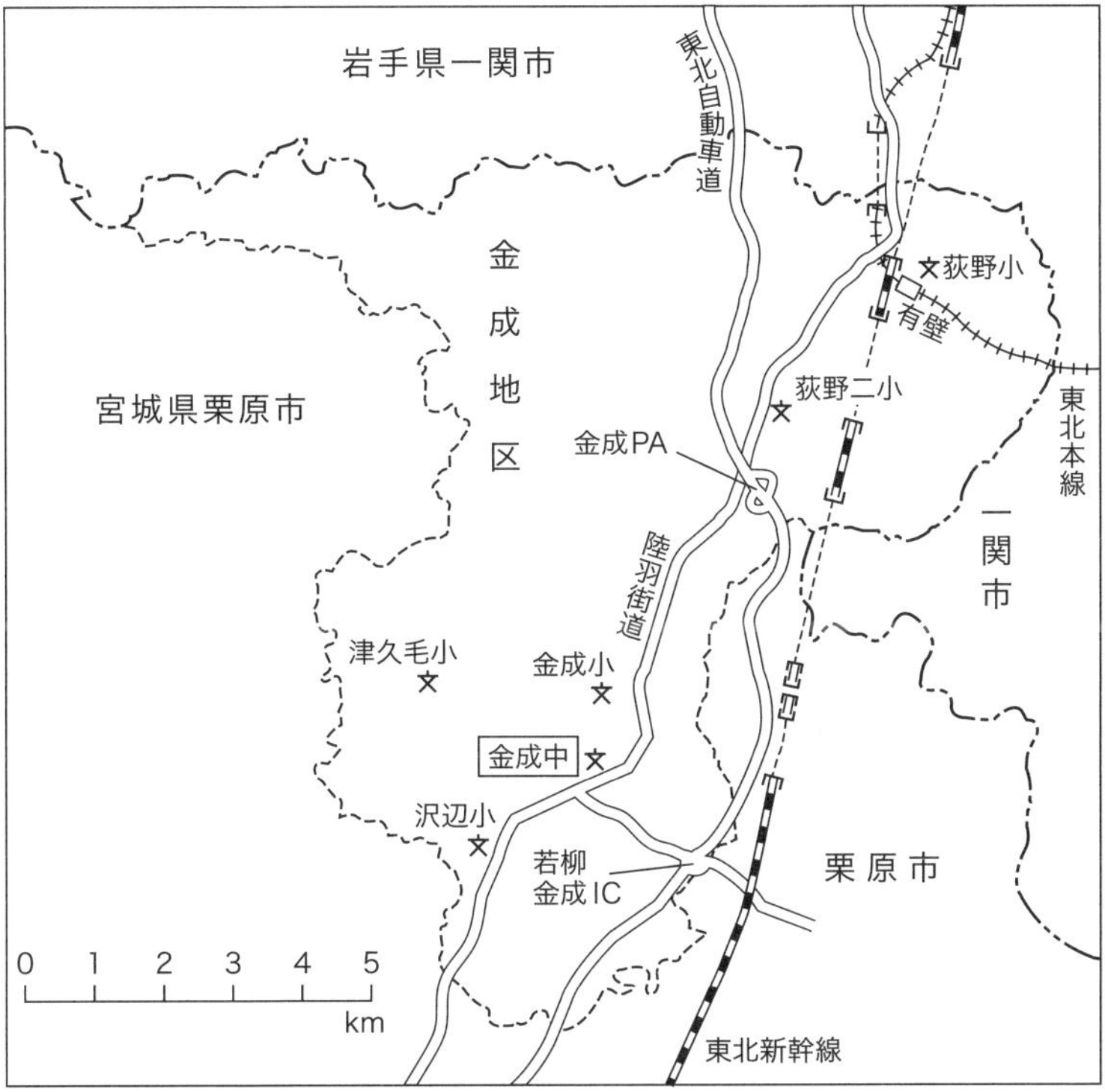

図1　栗原市金成地区の小学校と中学校

れるため、小学校の教諭実数は三四名から一五名に削減され（表5）、さらに小・中統合で、校長、教頭、養護教諭、事務職員が六名ずつから一名ずつになる。人件費は、県費負担の教職員給与だけで約一・九三億円の削減になり管理職手当も大幅に削減される。これに加えて市が負担する学校維持費（約一五〇〇万円）も単純に計算すれば六分の一となる。また、学校跡地の売却なども含めばさらなる収益が期待される。金成地区では、すでに、市立幼稚園が二〇〇六年に統合されて幼保一元化された一園になっており、幼稚園と中学校で全員が一緒なのに小学校だけ別々である必要はない、と市当局は説明する。

しかしながら金成地区の五小学校

は、広大な地域の中、旧村落ごとに散在している（**図1**）。保護者の側をみると、小中一貫校となる中学校から最も遠距離（八キロ以上）にある小学校のＰＴＡはこの計画に賛同を示していない。しかし比較的距離の近い他の四小学校ＰＴＡは、何らかの形（全会員投票などではなく、説明会参加者が合意したなど）で賛同の意向を示している。その動向について、市教委はその都度、市の教育だよりに「○○小ＰＴＡが賛成」と掲載し世論の賛同をアピールしている。

そのような市の動向に対して、市の教育行政に疑問を持つ地域住民や退職教職員を中心に市全体規模で「ゆきとどいた教育を進める栗原市民の会」が結成され、学習会など反対運動が開始されている（第7章参照）。

宮城県では二〇〇六年に登米市に教育特区制度を利用して、全国で七校目の小中一貫校として豊里小・中学校が開校しており、県内のモデル校的役割を果たしている。特に県内で仙台市以北の複数の自治体で、統廃合計画が進められる中、小中一貫校方式は拡大の様相を見せている。

●新潟県湯沢町のケース

新潟県湯沢町は人口約八四〇〇人、スキー場、温泉、リゾートマンションなどの観光業が衰退する中、人口減に伴い児童・生徒数は減少している。二〇〇九年、町内で唯一の高校だった県立湯沢高校が生徒減を理由に廃校になった。現在、五集落にある五小学校と一中学校を小中一貫校にすることに加えて、五幼稚園および五保育園を統合した認定子ども園にすることを含め、すべてを一つの施設にする計画が打ち出された。教育および福祉の複合施設とすることにより、建設資金の返済が可能になると佐藤守正町議（共産党）は指摘する。

すでに廃校になった県立高校跡地が町に買収され、小中一貫校計画が進んでいる。町教委による「湯沢町の教育構想」（〇九年）では、将来、児童生徒数の減少により複式学級や生徒ゼロとなる推計が示され、解決法として小中一貫化は回避できないかのように示されている。保護者向け説明会では、保護者は小中一貫教育について十分な説明を受けておらず、町教委側も「保護者は理解していない」という感想を抱いている。将来的に遠くなる通学距離に対してスクールバスなどが予定されているが、保護者からは「通学に片道二四キロを通えるのか」といった不安の声が聞かれる。小中一貫校ができる中心部から遠い村落の、特に高齢者を中心とした地域住民には反対の意向もあるというが、表立った反対運動は起きていない。県内では、新潟市、三条市で小中一貫校導入が統廃合計画とともに進められている。

●茨城県つくば市のケース

茨城県教育委員会は県レベルで統廃合計画を推進し、「公立小・中学校の適正規模の基準（二〇〇八年）」により、小学校＝「クラス替えが可能である各学年二学級以上」、中学校＝「全ての教科の担任が配置できる九学級以上」という適正規模を設定、全自治体の「適正規模以下学校数」をマップ化している。さらに「計画策定済み一六自治体、委員会を設置し検討中一〇自治体（〇九年一一月現在）」、といったように各自治体の統廃合計画実施状況も提示している。県レベルで〇五～〇六年度に「共に進める小中連携教育推進事業」を実施し「小中連携教育の重要性を県内に広めてきた」という。

全県的な学校統廃合の一つの突破口として、二〇一二年につくば市に最初の小中一貫校である「春日小・中学校」を開校予定である。同市は、つくばエクスプレスが開通し都内への通勤圏でもあり、比較的歴史が浅いコミュニティである。また学園都市という土地柄、保護者の教育要求が高い一方、概して小中一貫校新設に反対運動が起きにくい。

二〇〇九年、小中一貫校の計画が公表された際、統合対象となった葛城小学校保護者、地域住民から反対運動が起きた。子どもにとって通学距離が長くなり、市の提唱する新しい小中一貫カリキュラムも作成予定が不明瞭であり、教育条件も良くなるわけではないことなどが問題点として挙げられた。それに対して、市は、葛城小学校の学区を「自由選択化」して、隣接して新築される予定の春日小への通学を可能にした。葛城小は校舎が老朽化しており、将来廃校になるのであれば先に新校へ、という選択がなされ、葛城小入学予定者の多くが春日小を選択し、保護者は分断されてしまった。地域住民や野党議員らを中心に反対運動が続けられているが、その拡大が難しい。

このように、小中一貫校を設置することによって地域の小規模校が廃校になり、自治体の中で選別され切り捨てられる地域が生まれている。それは、個々の自治体だけの問題ではなく、地域を「中核部」と「切り捨てられる部分」に区分していき、後者からはできるだけ学校など公的施設を切り捨てて身軽にしていく、道州制を見すえた地域の大再編が起きていると思われる。特に、過疎地の人口八〇〇〇人〜一万人程度の自治体や旧自治体において、すべての小中学校がまとめられるケースが目立つ。その多くは、一九五〇年代の〝昭和の大合併〟期において、中学校統合政策によってまとめられた地域であることが多い。当時は、八〇〇〇人に一中学校を設置することが行政効率性から望ましい、という理由で、財政誘導により統合が進められる中で市町村合併が促されたのである。さらに、今日の小中一貫校化による学校統廃合のケースでは、当該校の保護者が賛同し、地域住民が反対している点、行政は独自の小中一貫カリキュラムを作成すると説明するがそれは後回しにされている点、などが共通している。この全国的な小中一貫教育への流れは、どのようにとらえていったらよいのであろうか。

第2章　小中一貫教育はどのように登場したか

――中高一貫校の見直しの方途として――

1　機会均等を実現する戦後六・三制とその変容

六・三・三制の単線型学校教育体系は、憲法・教育基本法に基づいた教育の機会均等原則を体現する、すなわち誰にでも平等な公教育を提供する制度として、戦後教育改革期（一九四七年、学校教育法）に導入されたものである。戦前の、小学校のみが六年（一九〇八年までは四年）の義務制で、その後は旧制の中学、高校と進むエリートコースを筆頭に、実業学校、青年学校、師範学校、小学校高等科といった階層に応じ細かく複雑に分岐した複線型の学校体系から、誰もが、男女平等で無償の普通教育を行う義務制の新制中学校へ進み、そして新制高校へと続く制度への大転換であった。

この改革の基本構図は、すでに一九四六年の第一次米国教育使節団の勧告によって提示されていた。それは、教育の機会均等の原則に基づき、六年制の小学校で「児童たちがその内にひそむ能力の発達を熱望し、健康で活動的で思慮ある市民になりうるように準備すべき」であり、次の三年制の下級中等教育学校＝中学校は「人格の向上と市民的資質と団体生活に重点を置くべき」で、さらに「職業面を探求する機会」も取り入れ「学校の事情の許す限り男女共学」とし、さらにその上に、「無月謝でだれでも入学できる」三年の上級中等教育学校＝高校の「開設を勧める」というものであった。ここに提示された学校体系は、その後の教育刷新委員会の審議などを経て、原則的理念においても、制度様式においても、ほとんど勧告どおり日本側に容認され実現することになった。（ただし、日本側においても、それ以前に改革案がなかったわけではなく、特に昭和期以降多くの学制改革案が提起され、一九三七年には教育審議会が答申を出すに至っていた。その中では、すでに義務教育年限延長、男女差別廃止、統一的な高校制度などが提起されてきていた。）

しかしながら、実現するはずだったこの平等な学校制度は、特に高校段階において、一九六〇年代以降のさまざまな高校多様化政策と序列化、その結果ともいえる受験競争の激化の中で形骸化していったことは周知のとおりである。また、受験体制に適合した中高一貫カリキュラムを行う私立学校が七〇年代から都市部を中心に拡大していった。

一九九八年の学校教育法改正により「中等教育学校」すなわち公立中高一貫校の設置が可能になったことの背景には、当然ながらこのような進学型の私立中高一貫校の隆盛があった。公立中高一貫校は、表向きは「六年間でゆとりのある教育を行」い「地域ごとの特色のあるカリキュラムで学校生活を充実させる」「入学試験は行わない」とうたいながら、実態は〝ある程度〟の〝名門〟公立高校が中学を設置し、高い倍率の「適性検査」によって「成績優秀」な生徒を早い段階から集めるケースが数多く出現していった。そこには、中高六年間のカリキュラムを早い段階で終わらせ、高三は受験対策を行う私立中高一貫校型カリキュラムを実施する学校も見られた。

九〇年代、財界の教育要求を受け新自由主義の自己責任論が浸透し、公教育の機能は最低限に抑え、家庭の経済力に応じて分化した教育を購入していくシステムが拡大する中で、必ずしも階層の高くない家庭にも中学入試の道を開く制度として公立中高一貫校は機能していった。しかし、従来の三年制の中学校に入学する大多数の層はそのままに置かれたわけで、実質的に一二歳段階での早期選別が拡大されたのである。

そのような状況において、九八年、当時の民主党が「中高一貫教育の推進に関する法律案」を国会提出（一四二国会衆議院・法一四号）しているのは、ある意味で画期的であった。提案者は、藤村修議員（大阪府選出）であった。藤村議員は、交通遺児へのあしなが育英会出身で、結成当初の民主党におけるリベラル派議員であった。

この法案は、今後一〇年以内に、従来の中学校と高等学校を廃止し中高一貫の公立中等教育学校にすべて統一するというものであった。いわば、すべての児童に中高一貫教育を提供し、実質的には高校入試を廃止することになる。「中等教育が時代を担う青少年の人間形成の基盤を養成する極めて重要なものである」ということにかんがみ「ゆとりのある学校生活の中で多方面にわたる交流及び体験を通じた教育並びに個性に応じた多様性のある教育を実施することにより、自助、自立及び共生の精神を養うことを目標」として、専ら「中等教育学校」で中高一貫教育を行うことがめざされた。また、この学校の後期課程では「授業料を徴収しない」と高校無償化も明記されていた（日本教育法学会新教育基本法法制研究会特別委員会編『民主党教育関係法案と選挙公約――資料と解題』二〇一〇年、参照）。

同時期、民主党は、すべての学校で三〇人学級の実現を中心的な内容とした「小学校中学校及び高等学校の学級規模の適正化の推進等に関する法律案」も提出している。この法案の提案者も藤村議員であった。この時期、教育に関して民主党の法案には、すべての子どもに平等な公教育サービスを無償で提供しようとする福祉国家的な教育政策の特徴を見ることができる。民主党は、一九九八年の総選挙で、新自由主義路線を取り消費税を五％に上げた橋本政権の自民党に善戦していた。そのような情勢の中で当時の民主党からは、かなり福祉国家的な政策が打ち出されていたのである。それは、おそらく多くの国民にとって望ましい教育制度であった。

2　財界の巻き返しと複線型高校制度へ

しかし、すべての子どもに平等に中高一貫教育を提供するという民主党の一九九八年の法案は、産業構造の転換に応じた選別的な新しい〝人材〟養成の必要性を感じている財界にとっては望ましいものではなかった。むしろ、財界は一部の大学進学向けと安上がりな職業準備教育に二分化された高校教育の複線化を望んでおり、平等な高校教育の提供は逆にその障害となるものであった。

九九年、西武グループの堤清二が委員長を務める社会生産性本部・社会政策特別委員会が三年間の検討作業を経て、教育改革に関する報告書「選択・責任・連帯の教育改革――学校の機能回復をめざして」を公表する。その中で、学校選択制の推進などとともに、九年の義務教育学校と三年の高校を明確に性格分けし高校は義務教育とするべきではない、とする小中一貫教育につながる構想が打ち出されている。すなわち、「従来九年間だった義務教育を、単純に一二年間に延長することは適当ではない。高校ではただでさえ、学力や学習意欲の問題から、中退者が急増している。いっぽう中学校では、不登校や暴力などの問題行動が広がっている。高校を義務化すれば、中学校の問題を高校に拡大する結果とな」るという理由があげられ、小・中学校を「基礎教育（人間が人間らしく生きていく、市民生活の基礎を築く教育の場）」、高校を「基本教育（日本社会の産業・経済・制度・科学技術・文化の基本学力を与える教育）」と、別々に位置づけている（堤清二・橋詰大三郎編『選択・責任・連帯の教育改革――学校の機能回復をめざして』勁草書房、一九九九年）。その後、日本経団連や経済同友会の発言や文書に、小中一貫教育の推進につながる内容が盛り込まれるようになっていく。

このような状況の中、民主党も方向性を転換していく。中高一貫校と三〇人学級の両法案はいずれも二〇〇〇年の一四七国会で撤回される。その後、〇三年に小沢一郎も民主党に合流し、新自由主義路線に急速に方向転換していくことになる。新自由主義と愛国心など新保守主義的な内容を併せ持つ民主党バージョン「日本国教育基本法案」は〇六年に提出され、典型的な「個人向け非資本形成型の現金給付」である子ども手当法案が〇七年に提出されるに至るのである。「個人向け非資本形成型の現金給付」は選択と競争を伴う公費分配システムであり、公立学校や福祉施設を国が責任を持って作る福祉国家型の対極にあるものである。

〇五年には、前述のように中央教育審議会がその後の小中一貫教育の根拠となる、中一ギャップの問題点と学校間の連携の必要性を盛り込んだ答申を公表する。〇六年の教育基本法改正では、一九四七年法の第四条「国民は、その保護する子女に、九年間の普通教育を受けさせる義務を負う」から、「九年間」という義務教育年限の文言が削除される。これは、義務教育年限の規制緩和、六・三制の見直しを想定したものであると解釈される。

高校教育に関しては、同年の衆議院での教育基本法改正審議過程の中で、高校教育の複線化についての自民党保利耕輔議員の質問に答えて、当時の伊吹文明文科大臣は、以下のような内容を答弁している。改正は高校制度の複線化を見据えている、すなわち大学進学を見据えた高校と職業準備教育としての高校に高校制度は二分化されることを改正教育基本法は前提にしている、と。すでに自民党の中では、法制面での高校の複線化は暗黙の了解事項になっていたのである。

その翌年には、改正教育基本法を受けて学校教育法が大幅に改正されたが、それまでの小学校、中学校という区分は「義務教育学校」に一括され、「義務教育学校」の教育目的、教育目標などが明記されるようになった。高等学校については、複線化を正当化する文言として、教育目標に「進路に応じて」という文言が導入された。これは高校における教育を「進路に応じて」「高度な普通教育」と「専門教育」に区分し、高校教育の職業分化における複線化が正面から許容されるようになったのである。

翌〇八年には、中央教育審議会が公立中高一貫校の在り方を見直す審議を開始している。これは、内閣府の規制改革会議からの「公立中高一貫校は私立への『民業圧迫』にならないか」といった批判を受けたものである。そこでは、公立中高一貫校がいたずらにエリート校化し「私立に対抗して成績がよい子どもを早く確保しようとしている」といった指摘が挙げられている。とりあえず、同年の答申には、「公立が担うべき役割の明確化」「抜本的な改善」が提案されることになった。

このように見てくると、財界の要請のもとに、平等な公教育体系である六・三・三制が切り崩されてくる過程の中に小中一貫教育が位置づいていることが見てとれる。

第3章　品川、三鷹、京都のモデルケース

1　呉市の研究開発学校として登場

日本で初めての小中一貫教育の試みは、一九九九年に広島県呉市教育委員会が計画化し二〇〇〇年度から文科省の研究開発学校制度に認定された、二小学校と一中学校を併せた小中一貫校の計画であった。〇六年に施設一体型小中一貫校、呉中央学園として開校する。当時の呉市は、工場誘致のための土地開発、ヨットハーバー建設などにより財政的に逼迫しており、学校統廃合を進める必要性があった。そこで、市内中心部で少子化のため児童生徒数が減少していた二河中学校と隣接する二河小学校、および道路を一本隔てた五番町小学校というきわめて近距離にある三校を、一校の小中一貫校にすることを計画化したものである。

しかし、当時は、公立中高一貫校の隆盛期で小中一貫教育は例外的だったこともあり、まず小中一貫カリキュラムを開発する作業が行われた。ここで登場する、「四・三・二」制、小学校からの英語、「基礎」と「活用」を意識したカリキュラム構成などは、その直後に登場する品川、三鷹などの小中一貫教育とも共通するものであり、おそらくアウトラインは中央の方針に沿ったものであったことが推測される。加えて「生き方学習」という名称の独自のカリキュラムが導入された。これは二〇〇〇年当初から行われた異年齢の児童・生徒の「ふれあいタイム」をもとに、それに「進路等の学習」を併せて「進路と人間関係」を育成するものとして、

〇一年度に新設されたものである。小・中で行われてきた「総合」学習がそのベースになったとされる。〝異年齢集団のふれ合いによって児童・生徒の自尊感情を育てる〟という活動は、呉市の小中一貫教育の特徴の一つである。

「四・三・二制」については、児童の身体や精神の発達のピークが「二年早く」なっているがゆえに五年生に区切りをつけた、と説明される。運営指導委員であった広島大学教育学部の井上弥（教育心理学、教育評価）の助言を受けて、子どもの知的発達区分を前期「第一〜四学年（具体的操作期）」、中期「第五〜七学年（移行期）」、および後期「第八〜九学年（形式的操作期）」とし、「具体と抽象が混在する時期」で「大きく人格が変化」し「小学校と中学校を結ぶ」中期に「重点を置いて指導することになった」という説明がなされている。そして「中期」から思春期に入り自尊感情が低下していくがゆえに、異年齢の小さな児童とのふれ合いが有効になるというのである。ただし、前〜後期それぞれに「反復期」「活用期」「発展期」と位置づけられるなど、ＰＩＳＡ型学力の「基礎」と「活用」につながる名称の区分が登場してくる（天笠茂監修『公立小中で創る一貫教育――四・三・二のカリキュラムが拓く新しい学び』ぎょうせい、二〇〇五年、参照）。この部分は、二〇〇五年の中教審答申や品川区の文書に引き継がれている。

この呉市の小中一貫教育については、当初から市民への説明不足であることが新聞報道され、また、カリキュラムが教師の負担増につながる、といった問題点も指摘されていた。呉市では、この小中一貫校プランを皮切りに〇八年から全市の小学校統廃合計画が浮上してくるのであるが、奥田和夫市議（共産党）は小中一貫教育とは何かがわからなかったために統廃合への対応が遅れてしまったと述べている。

2　小中一貫教育特区――品川区

三年後の二〇〇三年に、内閣府の総合規制改革会議によって認定された構造改革特区制度に、小中一貫教育特区が登場する。第二回認定に東京都品川区、奈良県御所市、熊本県富合町（現、熊本市）が、同年の第三回認定に宮城県登米市が、翌年の第四回認定に京都市、奈良市、金沢市、大阪府池田市が、それぞれ小中一貫教育特区に認定された。他方、〇三年、三鷹市長選で保守系の清原慶子は「小中一貫教育を行う」を選挙公約の一つとして当選し、検討委員会設置、導入計画を開始する。このように、この時期、主に特区制度を用いて小中一貫教育は急速に拡大していく。

品川区は二〇〇〇年に公表した教育改革プラン「プラン二一」において、「小中連携教育」を学校の九つの「特色」の一つとして位置付けていた。この各学校の「特色ある学校づくり」は、学校選択制導入の主たる理由とされていた。すなわち、個々の学校の「特色」が異なるがゆえに、保護者、子どもは学校を選択する必要性があり、それによって個々の学校や教師が競争して質が高められる、というのである。しかしながら、品川区の場合、「特色」は教育委員会による九つの例示――「小中連携教育」以外に「習熟度別学習」「国際理解教育」などを含む――から各学校が選ぶといった形式的なものであった。結局、区全体で七組の小学校と中学校が「小中連携教育」を「特色」に選び、一部の教科の連携や交流活動などに取り組んでいた。

他方で、選択制を導入する際、若月秀夫教育長が、導入しても学校統廃合を行わないと言質を取られたために、導入後、小規模校が選択されず一層小規模化してもそのままに置かれていた。例えば、二〇〇一年度には一八中学校のうち新入生が一クラス（四〇人以下）になったのは三校だったが、〇二年度には五校に増加していた。そのような状況で、〇二年、区教委は突然「異なった学校ではカリキュラム全体の連携などが得られない」などの理由を挙げて「九年間を見通し一貫したカリキュラムを編成・実施し、のびのびした学校生活の中で、子どもの個性と能力の伸長をはかる」ために施設一体型小中一貫校建設事業を行うと宣言した。最初の予定校、第二日野小学校と日野中学校は文科省の「研究開発学校」制度を利用し、区として教育特区に申請、〇三年の第二回認定において認可された。

区の特区申請書には、「小・中学校の文化や風土の違いから進学に際して問題を抱える子どもがいる」ことから、学力の定着・向上や不登校数の減少をめざすとされている。

また、経済的社会的効果とし「本区へのファミリー層の転入、定着」が挙げられた。しかし、実際構想されたカリキュラムは、①第一学年からの英語活動、②第五～九学年（小学五、六学年、中学一～三学年）のステップアップ学習（個々の進度に合わせた習熟度別学習などを主体とした学習）、教科担任制、③全学年での市民科（道徳を廃止し特別活動と併せた、イギリスのシチズンシップ教育をモデルにした独自の新教科）が新たに導入され、五～九学年では、授業時数が七〇時間程度増加され、内容的には上の学年のカリキュラムの〝前倒し〟があるなど、必ずしも不登校対策などに対応したものとはならなかった。むしろ、早い段階で小学校の教育内容を終えて選別的な学習形態を入れ、相対的に学習内容も多いものとなった。

最初の施設一体型小中一貫校、日野学園（〇六年開校）は、約九〇億円をかけ、ＪＲ大崎駅前の再開発地域に新築された。小学校の学校選択は、区内を四つにわけた各ブロック内のみとされていたが、日野学園は特例的に全区からの入学が認められ、教員の異動期間は一般校より長期になることが認められた。新校舎も突出して豪華であり、「エリート校をめざすのでは」といった懸念が一部からもたれた。また、日野中学校の保護者による移転反対運動は、実質的な学校統廃合反対運動ともいえるものであったが、区議会への陳情は不採択とされ、区は建設計画を押し切った。翌年、区教委は別のブロックの原小学校と伊藤中学校を統合した伊藤学園を公表した。突然の話に驚いた保護者らは区側の説明会において不満を示し、ＰＴＡアンケートでは四・三・二制への懸念や結果の検証不足の声が挙げられた。その後、〇四年度の「学校選択」希望校調査では小中一貫校計画対象の二中学校からの他区域への流出が多くみられた。小中一貫校が保護者から避けられたのである。

それに対して二〇〇四年二月、区教委は突然、〇六年度から全小・中学校に四・三・二制カリキュラムを導入することを公表した。「カリキュラムが異なると一貫校でない小学校から一貫校へ進めない」という声に応えたものだと説明された。

このように、計画当初は、施設一体型小中一貫校建設が先行し、また小中一貫教育は区民には必ずしも好評なものではなかった。その後、小中一貫教育サミットが開催されるなど全国的な趨勢になる中で区教委は、〇八年に八潮学園（〇六年に八潮南中が八潮中に吸収された後、八潮小、八潮北小、八潮南小とともに小中一貫校になったもの）、荏原平塚学園（〇八年に荏原第二中と平塚中を統合し一〇年度に平塚小が加わったもの）をはじめ、つぎつぎと施設一体型校を開校していく。計画中のものを含め六校の施設一体型小中一貫校が予定されている。

二〇〇八年に区教委の「学事制度審議会」は、規模などの学校間格差が生じたため「学校統廃合という手段が必要」になったと、それまでの方針を覆して学校統廃合に方針転換する報告をしている。学校間格差が生じたのは選択制によるものである、という分析は行われていない。

このように、品川区では施設一体型と分離型が混在し、その施設の条件などは全く異なっている。新校舎で施設の充実した日野学園、伊藤学園などは、学校選択制では人気校である。しかし開校五年目の日野学園の場合、外部からの入学希望者数は年々減少している（他学区からの入学希望者、〇六年度一三六人、〇七年度一三一人、〇八年度一〇七人、〇九年度七九人、一〇年度六六人）。小中一貫カリキュラムは果たして本当に保護者らに支持されているのか、検証は十分に行われていない。

3　コミュニティ・スクール型――三鷹市

東京のベッドタウン三鷹市（一七万五千人）の場合、小中一貫校は品川区と並ぶ全国モデルケースである。施設一体型小中一貫校を新設せず、既存の分離した小・中学校の上に「学園」という上部組織を設け、教師が学校間を移動する通称「乗り入れ」という方式を採用し、また、コミュニティ・スクールにするという「学校参加」を特徴としている。学校選択制を導入せず、〝地域の学校〟であることを強調している。

二〇〇三年に市長選に立候補した保守系の清原慶子が、小・中一貫教育を選挙公約にして当選した直後から、小・中校長会で構成される検討委員会が小中一貫教育の計画案を作成した。しかし、当初の計画は、小中一貫カリキュラム「二・三・四制」を基本とし、小学校六年生から児童も教師も中学校に移動して授業を行う、というものであった。それに対して、保護者、教師から、子どもへの負担が大きいなどの批判が出され反対運動が起きた。そこで、教育委員会は方針を転換し、〇五年「三鷹市立小・中一貫教育校構想に関する基本方針」を公表した。その内容は、①教育特区ではなく学習指導要領の範囲内で改革を行い、カリキュラムは「四・三・二制」、②施設分離型の小中一貫校で教師が小・中学校間を移動する、③地域の人材を活用したコミュニティ・スクールとする、といった特徴をもつものであった。

三鷹市は一九九一年まで革新市政が続き、「市民協同」のスローガンのもと、質の高い地域コミュニティが形成されてきた。しかし九二年から保守党系市政となり、九八年には自治体「構造改革」に関わるシンクタンクである日本生産性本部と提携して、企業経営評価の基準を自治体行政に適用する共同研究を開始するようになった。清原市長もその路線を継承し、形式的な市民参加はあるが重要事項は市長周辺と日本生産性本部の少数メンバーで決定する、安達智則の言葉を借りれば「自治体の心臓部に市民参加がない『協同』」と称される典型的なＮＰＭ型（New Public Management）改革を行っていくことになる。ＮＰＭ型改革とは、公共サービスに企業経営の理念・方法を取り入れるものであり、三鷹市では〇三年に行われた日本初の公立保育園の企業への民間委託などに代表されるものである。

教育改革国民会議（二〇〇〇年に最終報告）で日本型チャータースクールと称されるコミュニティ・スクールを提唱した金子郁容、品川区の改革にも関わり学校評価、ＰＤＣＡサイクルなどを専門とする小松郁夫（国立教育政策研究所、現在は玉川大学）らが、全体方針を定めた三鷹教育ビジョン（〇六年）など一連の教育改革に関わっている。そのビジョンの柱は、①コミュニティ・スクールと結びついた小中一貫教育、および②学校評価システムの構築であった。

コミュニティ・スクールとは、一貫校となった小学校と中学校が「〇〇学園」という上部組織を作り、その学園ごとに、保護者代表、地域・町会代表、青少年対策本部、交通対策本部、学識経験者、学園長、副学園長ら（二〇名以内）からなる「コミュニティ・スクール委員会」を構成し、教育委員会または学園長に「教育目標及び学校経営方針に関すること、教育課程の編成に関わること、学園予算の編成および執行に関すること、学園の施設整備の管理及び整備に関すること」等について意見を述べることができるとするものである。

また、委員会は、地域教育部会、コーディネート部会、評価部会の三部構成からなる。コーディネート部会は、サポート部、キャリア教育部、コミュニケーション推進部を持つ。学校教育への地域ボランティア人材の活用や、地域の事業所と連携して「生き方・キャリア教育」のコーディネートを行うなど、いわゆる「学校を地域に開く」といわれる実践の中心的な役割を担っている。前述の民主党「新しい公共」円卓会議訪問の際には、地域住民がボランティアとして小学校で竹トンボ作りの指導を行った。

独自の小中一貫カリキュラムには、小学校英語のほか、小学校三年生からの習熟度別学習、教科担任制の導入などが特徴であるが、アントレプレナーシップ（三鷹市では「アントレ」と略される）といわれる起業家精神の育成が特色とされている。

二〇〇三年度に最初のにしみたか学園が開校し、〇九年度には全小中学校が施設分離型小中一貫校となっている。

しかし、三鷹においては、教職員の小中一貫教育に対する評価は低い。導入当初から反対運動の中で「六・三制の学校体系を根底から崩すもの」「子どもの発達段階にあっていない」といった批判が教職員から加えられた。〇九年二月、市内全校の小中一貫校化に伴い、教職員組合（都教組多摩東支部三鷹地区協議会）が、全教職員を対象にアンケート調査（二二校対象、回収率三七％）を行った。その結果、「三鷹市の小中一貫教育は子どもたちにとって意義があるか」および市の計画の進め方についての質問に対しては、八割以上が否定的な回答をしている（第5章参照）。その理由として、教職員の多忙化、子どもへのしわ寄せが生じる、進め方がトップダウンであるといった理由が挙げられている。特に離れた施設を教師が移動する「乗り入れ」授業で、担任や担当教師が不在になるため「後補充」の教師が授業を行うことは、子どもにとっての負担が大きい。また、研究発表や打ち合わせなども仕事を煩雑にさせる。小中一貫導入の理由とされた「中一ギャップ」の解消にしても、「中一でリセットするチャンスは大切」といった逆の意見も複数見られた。逆にメリットとしては、小中の教員交流の機会の増加を挙げている声が少数ではあるが見られる。

4　コミュニティ・スクールと統廃合の発展形――京都市

品川区、三鷹市に次いで、二〇〇四年に小中一貫教育特区に認定された京都市でも、小中一貫教育と関連して、学校運営協議会を設置したコミュニティ・スクールが特色となっている。すでに〇二年度から、モデル校である御所南小学校が文科省のコミュニティ・スクールのモデル校に認可され、〇九年度に市内一四二校が学校運営協議会を設置するようになっているが、これは全国の設置校の半数を占める。〇八年度には、御所南小と京都御池中を含む五中学校区に各一校、小中一貫教育校（五中学校、八小学校）が指定され、他に小中一貫教育推進校が一八中学校区（一八中学校、三九小学校）で指定されている。そのうち、推進校の中には、東山地区の二中・五小を統合して施設一体型小中一貫校とする「開晴小中学校（二〇一一年度開校予定）」なども含まれる。

九校の小学校の統合校として出発した御所南小の場合、その九地区の町会長に加え、「社会福祉協議会会長、体育振興会会長、女性組織代表、民生児童委員、少年補導委員」らと、ＰＴＡ代表、公募委員を併せて六〇名近くによる「御所南コミュニティ」が組織され、学校運営協議会は、校長、教員代表に加え、一二の御所南コミュニティの代表から構成されている。その権限は三鷹市の場合と類似しており、活動的には、「地域の（学校への）協力」、「地域の人材活用」が最も高いウェイトを占めている。京都市の場合、歴史的に行政側と教職員組合側の対立が明確だったため、行政が入念に時間をかけて行政の施策を支えていくような「学校参加」制度を構築してきたという特徴がある。

京都市教委は、大量のパンフレット配布などにより「小規模校問題の解決には統合しか方法がない」といった議論を誘導し、保護者や町会など「下から」統廃合への要望書を出させるという方式を九〇年代から進めてきていた。また、「学力」面で「成功」したという御所南小の評価から、「小中一貫校はエリート校になる」といった俗説が広く用いられた。従来の老朽化した校舎から施設も立派な学校になるという説明もあり、保護者の反対運動が起きにくい状況が見られる。上からトップダウンで降りてくる施策を支持し下支えする組織として、「学校参加」組織が機能してしまう。

東山地区では、学校統廃合によって地域から歴史ある学校が奪われることに対して一部の住民、保護者、卒業生らは反対運動を行っている。〇八年に結成された「東山の学校統廃合を考える会」は、①新設校は八〇〇人を超える大規模校になる、②敷地が狭く施設・設備上の無理が生じる、③遠距離通学の出現、などの問題点を指摘する。

地域の歴史ある学校を廃校にすることに反対する地域住民からは、「PTAの保護者達が、出された統合計画にすっかりテンションがあがって決定となったが、地域住民には反対意見もあった」、「若いもの（保護者）が決定したことに年寄りは口を出すべきではない、といった雰囲気があった」「いつのまにか組織的な決定事項になっていた」といった意見が挙げられる。「学校参加」のルートが固定化され、そこに一部の地域保守層が取り込まれることによって、上から出された施策に反対することが難しくなっている図式が見てとれる。また、京都市では、教職員に対する管理が徹底しているため、教職員と保護者、地域住民が分断されやすい条件が整えられている。

5　小中一貫教育の特徴と問題点

これらのケースに見られる四・三・二制の小中一貫カリキュラムには、①小学校からの英語、②五年生（三鷹は三年生）からの教科担任制、③習熟度別学習の多用、④「市民科」「アントレプレナーシップ」「地域学」などといった独自の教科の新設、経済活動を重視したものが多い、といった共通点が見られる。「中一ギャップの解消」を理由としながらも、そのカリキュラムは必ずしもそれを実現することを目的としていない。小中一貫教育には以下のような特徴が見てとれる。

第一に、財界の意向を反映して現代社会における産業構造の転換に対応した〝人材〟を求めようとしている。「国際競争力強化政策を優先する形で『英語が話せる』に象徴される国民的学力向上と『創造的破壊』型の『起業家』（アントレプレナー）養成に重点を置いた教育政策が遂行される」と政治学者の進藤兵は述べる。小中一貫教育は、義務教育段階から、そのような「英語」と「起業家精神」といった内容を特徴としている。品川区の市民科については、区の教育計画に関わる小松郁夫がイギリスのシチズンシップ教育を紹介したことがきっかけになって導入された。小松は当時、経団連「活力と魅力あふれる日本を目指して」（二〇〇三年）の策定メンバーであり、そこでの構想は品川区の市民科と共通している。またステューデントシティ・プログラムやアントレプレナーシップ教育などは、直接、職業教育を行うわけではないが、初等教育段階から、株取引や金融などの経済活動に慣れさせて、その精神を養うという方向性が見られる。

さらに、小中一貫校の建設やそれを含む地域の再開発事業が、新たに民間企業に市場を開く。経済活動学習や「地域に開かれた」学習を通して、企業が公教育の内容にかなり介入してくる場面も増える。

第二に、早い段階からの選別に対応しているカリキュラムがあげられる。従来、小学校教育は選別とは無縁のものだった。しかし四・三・二制では小学校五年生から習熟度別学習が多用され、ＰＩＳＡ型学力における「基礎」と「活用」を意識したカリキュラムが導入される。これは二〇〇七年に導入された全国学力テストや、〇八年に公表された新しい学習指導要領に見られる「基礎」と「活用」に共通するものである。すべての子どもに「基礎」と「活用」を修得させるのではなく、「基礎のみ」「基礎と活用」の二つの国民形成に対応した公教育制度が想定されていく。品川区では小学校五年生から定期試験が開始される。学校は競争主義的な大きい集団であるべきであるととらえられ、学習中心の生活の場となる。

第三に、子どもの生活指導の変化が挙げられる。中学校の管理的な生活指導が小学校へ拡大され、小学校にも制服が導入されるケースが増える。品川区の施設一体型校の場合、一〜四年生と五〜九年生は異なった制服着用となる。小中一貫教育推進のためサミットを行う小中一貫教育全国連絡協議会の団体賛助会員には、制服会社が名前を連ねている。普通の公立校との差異化を図るためもあるのか、厳格な制服指導やバッグなどの持ち物規制も見られる。

また、放課後の校庭は運動部の部活動で占められる。小学校五年生から中学の部活動に参加できる場合もあるが、大会に参加する選手などは中学生の年齢の生徒で占められることになる。さらに、学校行事も変化する。品川区伊藤学園の運動会種目プログラムを見ると、徒競争などの個人競技は一切なく、すべて集団競技で構成されている。また、全校で練習時間を取ることが必要な大玉送りなどの競技も簡略化されており、集団的な生活指導の場としての学校行事の意味合いが変わっていると思われる。すなわち、学校行事への集団的な取り組みの中で、生活指導を行い共同の関係をつくっていくような側面は弱くなっていく。

第四に、学校という空間の変化が挙げられる。単に小中学生を含めた大きな集団になるだけではなく、小学校に見られるような家族的な雰囲気は薄くなり、管理的で組織化された大きな集団が構成される。品川区伊藤学園の校舎は、一、二階に一～四年生、三階に五～七年生、四階に八～九年生と上に積み重ねて配置され、校舎入口は各階の学年別に設定されている。この学年配置は、カリキュラムの四・三・二制に対応して階が分けられていると説明される。各まとまりそれぞれの区切りとリーダーとしての四、七、九年生の位置づけが校舎によっても提示されているのである。

また統合前の小学校では、特別支援教育の固定学級は普通学級の児童が頻繁に通る廊下に面して設置され、積極的に交流がはかられていた。しかし小中一貫校になって、やや離れた場所に設置され交流がしにくくなったともいわれる。

それ以外の変化として、従来、小学校区を単位として行われていた地域のさまざまな活動、子ども会、スポーツ少年団、民生委員活動などが、中学校区が中心になることによって衰退したり分断されたりするケースが各地で起きている。

金子隆弘は、小中一貫教育と従来の六・三制教育が本来持っていた理念として、以下の観点を挙げる。第一に単線型教育。第二に、本来、学校は人間を育てる場を大事にしている、という点。第三に、小・中の区分は子ども期を大事にしているという点。第四に、六・三制はカリキュラムを中心に考えられている、という点。小中一貫教育は、こうした六・三制教育の理念を崩すものであると指摘する。初等教育と中等教育の区分は、子どもの発達段階を基礎に構成された、歴史的成立過程も異なる制度である。十分な検証なしに小中一貫教育へ移行することは、あまりにも乱暴な議論といえよう。

第4章　「学力向上」を口実に進められる小中一貫教育――大阪府――

1　学力テストは悉皆から抽出になったのに

大阪府において、小中一貫教育を導入する自治体が急速に増えている。その理由として、橋下府知事による全国学力テスト結果の低順位に基づいた「学力向上」キャンペーンが挙げられる。以下、その実態と民主党政権が進める教育改革における小中一貫教育の位置について考えてみたい。

民主党政権が、全国学力テスト（以下学テと略す）を悉皆調査から抽出調査に改正し、やはりパフォーマンス的な〝事業仕分け〟によって文科省の希望する抽出率七〇％を退け三〇％に削減、予算カットした。そこには、おそらく財務省の意向が反映していると思われる。しかし、その後、自治体の自主的参加が相次ぎ、二〇一〇年度学テは結果的に七三・二％（サンプリング平均は三〇・六％）の高い参加率となったことは知られている。秋田、石川などの学テに力を入れている上位県、福岡、佐賀、長崎、大分、宮崎、鹿児島など九州の各県、その他、和歌山、山口、高知が実施率一〇〇％となった。道州制に最も近いといわれる九州は全国学テ以外にも自治体レベルの複数の学テを実施している学テ先進地域である。

大阪府は九一％（抽出は一八・九％）、京都府は八五％（同四一・二％）、新自由主義教育改革が先行する京都市は一〇〇%の高い参加率となった。自主的参加は国にとっては実施コスト削減となり、採点業務を押しつけられる教師には負担増となった。また、岡山、大阪などでは全国学テに加え自治体独自の学テが新しく登場している。

自民党政権下で悉皆調査で行われた際には、この程度の内容・結果に七〇億円の無駄遣いだから廃止すべきでは、と世論はむしろ冷淡であった。それに対して、民主党政権下で抽出調査、自治体自主参加になってからの方が、「民主党が現場の声を聞かずに勝手に変えた事業仕分けは失敗だった」「抽出にするよう日教組が圧力をかけた」などと、「悉皆調査に戻すべき」という学テ擁護の論調が高まったとも思われる。

その背景には、保護者の学テ結果公表に対する強い「支持」の存在がある。二〇〇九年に内閣府・規制会議が行った全国の保護者対象アンケート調査では「学校ごとの点数をそのまま公表すべきである」が六七・三%であり、教育委員会の「公表すべきでない」八六・七%と劇的なギャップが見られる。その理由として「学力を向上させるのはまずは（学校）の責任だから」五六・八%が最も多かった。また、学テが導入されてくる中で、全国で市民による複数の学テ結果の情報公開請求が見られたのも、そのような要求の存在を端的にあらわしている。

学テは新自由主義教育改革の「要」ともいえる制度である。新自由主義教育改革は、国家が決定した教育内容のスタンダードの達成率に基づく学校・自治体間の競争の国家による組織化であり、経済目的のためにエリートと非エリートを早期選別する仕組みづくりであるといえるが、その「達成率」は学テによって「検証」されるのである。同様の改革路線を取る民主党政権にとってもその重要性は変わらない。ただし、開示を望む保護者や市民には、そのような学テの本質はきわめて見えにくい。身近なわが子の教師や学校にどうにか物を言いたくて、彼らはそのような要求をしている。

2 大阪府の「学力向上」施策

学テ支持の世論を最も積極的に利用しているのが、過去の学テ結果が下位であったことを口実に「学力向上」施策に積極的な取り組みを進める大阪府である。マスコミで知事が、テストの順位を嘆き、「教育委員会のバカ野郎」と悪態をつくことで、学テの存在を広く知らしめてしまった。

また、住民から結果非開示について提訴された後、知事は、順位が著しく悪かったことなども理由に、市町村ごとの結果を公表するよう府教委に働きかけ、二〇〇八年一〇月に一部の自治体を除いて結果を公表した。その際、結果を公表しないと予算をカットするなどの圧力をかけ、市町村教委の反発を招いた。

同年、知事は「教育非常事態宣言」を出し、それを受けて府教委が『「大阪の教育力」向上プラン』を公表している。その内容は、「授業改善」の具体的な方策など、かなり各学校の教育活動の内容にまで詳細に介入するものであり、学テ問題の指導方法まで立ち入っている。学校現場では「百マス計算」などを用いた反復学習による「基礎学力の定着」、放課後の大学生、退職教員らによる補習事業である「おおさか・まなび舎」事業などが開始された。さらに二〇一〇年度、過去三回の平均正答率が全国平均より五ポイント以上低かった中学校二五九校（府全体の約五六％）に、学力向上事業のための教員一名を増員するための府の予算一〇億二七二〇万円が盛り込まれている。また、各校は独自の学力向上プランを立てる義務が課され、一一年度から、小六と中三を対象に大阪独自の学力テストを新たに実施することが決定された。そのような、「学力向上」施策の結果、〇九年度、小学校「国語」B問題が四五位から三四位へと、「算数」B問題が三四位から二七位へと上昇した、と府側は一定の評価をしている。

3　「学力向上」を前面に小中一貫教育へ

大阪府の改革の背景には、関西財界の要請が見られる。二〇〇八年三月、関西経済同友会は、大阪市に対して「大阪市に教育改革を望む」という文書を提出しているが、その中で「まず、全国学力テストで大阪府が四五位であったという結果を真摯に受け止め、学力向上には一層力を入れていただきたい」とし「教育特区制度の活用を奨励し……リーダーシップ教育や英才教育、エリート教育等に力を入れる学校の開設」を提起している。翌月には、大阪府に対して「橋下大阪府知事への提言――財政再建と経済成長の両立を目指して」を提出し、そこでも教育については「大阪府が教育日本一を目指すためには、府下の市町村が、小中一貫教育、少人数学級など多様な教育を実現する必要がある。大阪府は市町村に対し、それらの教育が可能となる教育特区制度の活用を奨励して、必要な支援を行うべきである」と、具体的な制度改革構想を提示している。

府教委も「学力向上」を前面に出して、制度改革を行っていくスタイルをとる。第三者を含む「大阪府学校教育審議会」も〇八年の答申で、「適正規模・適正配置」と「小中一貫」を求めている。また『大阪の教育力』向上プラン」では、基本方針1「学力を最大限に伸ばします」の重点項目として「学力向上施策」について「小中学校の適正規模の確保支援」「校種間の連携強化」が挙げられている。

しかし「学力向上」のために、小中一貫教育の導入、および学校統廃合による一定規模の学校が果たして有効なのかどうか、教育学的には検証されていない。例えば、全市で小中一貫校を導入している三鷹市では、「にしみたか学園は小中一貫校になったことにより学テの結果が〇七年度から〇八年度にかけて上昇した」

と報告しているが（貝ノ瀬滋『小・中一貫コミュニティ・スクールのつくりかた――三鷹市教育長の挑戦』ポプラ社、二〇一〇年）、そのデータからはその上昇が果たして小中一貫教育の結果であるのかどうか、十分に読み取ることはできないと思われる。また、三鷹市の小中一貫校について検証している検証委員会のメンバーが、制度をプランニングした金子郁容ら当事者である点も問題であると思われる。

しかし、教育的効果は十分に検証されていないながら、「学力向上」のために、特区制度などを利用して各自治体で小中一貫校を拡大し、実質、学校統廃合を行う、というのが、この間の大阪府の改革スタイルとなっている。

大阪府では、この間、急速に拡大する小中一貫教育の動向が見られる。

⑴　二〇〇五年、寝屋川市は小学校英語特区に認定されて、一中学校・二小学校の連携方式により「小中一貫教育」を開始した。全国で初めての小中一貫教育「全市導入」であるとされるが、行われていることは実質的には小・中の交流事業に近く、それほどカリキュラム面で小中一貫教育の実態のあるものではないと思われる。文科省は、小中一貫教育にこのような多様なケースをカウントして実数を水増ししている印象が見受けられる。

⑵　二〇〇六年、箕面市では、大阪府主導で「水と緑の健康都市小中一貫校整備事業」を開始し、民間委託のＰＦＩ事業により二六億円でＵＦＪセントラルリースグループが入札し、府、市、企業の三者契約で一小学校・一中学校の小中一貫校化事業を中心としたまちづくり事業を行うことになった。

⑶　二〇〇四年、美原町（〇五年、堺市に合併）が「小中一貫キャリア教育特区」として小規模な小学校と中学校を統合して一貫校とした。将来的に小中一貫教育の堺市全市導入を予定している。

(4) 柏原市は、二〇〇七年、『生きる学力育成』小中一貫教育特区」に認定され、保護者に説明なく施設分離型の小中一貫校を一校導入し、さらに小中一貫教育の全市導入を計画している。統廃合が見られない例外的なケースである。さらに連携型中高一貫教育も導入予定である。

(5) 池田市は、「教育のまち池田」教育特区に認定された。二〇一〇年に二校の府立高校の統合校を市立高校に移管し、小中一貫校とともに施設一体の小中高一貫校とし、地場産業である植木産業を特色として、大学(農学系学部)までカリキュラムをつなげるという構想を発表した。これは従来の学校用地を大幅に組み換える〝まちづくり〟計画でもある。市はそれにより「市内移住者の増加」「大型店舗の設置」などが可能になるとしている。これに対して、校地が市街地から遠くなり敷地が分離される、教育内容面にリアリティがないなどといった理由から、市民による、オルタナティブの〝まちづくり〟を展望する反対運動が起きている。

(6) 吹田市は、二小学校と一中学校を小中一貫校の「学園」として、二〇一一年四月に開校予定である。

(7) 門真市では、二〇〇七年からの適正配置計画が「小中一貫教育推進プラン」へと方向づけられた。〇九年、隣接する寝屋川市をモデルとした一中学校・二小学校方式によって施設一体型小中一貫校を新設し、結果的に三つの小学校を廃校にするという統廃合計画が打ち出された。保護者、地域住民、教職員による統廃合反対運動が起こり、一つの小学校で計画がとん挫している。門真市は、府下でも学テの順位が低いという点が改革の口実に使われている。

(8) 大阪市では、二〇一一年より全市(小学校二九九校、中学校一三〇校)で小中一貫教育を導入する予定であるが、詳細は公表されていない。府との合併構想もある中、大阪市のオリジナリティが見えにくくなっている。

(9) 能勢町では、〇九年、小中一貫校ではないが、「学校施設の耐震化」等を理由に「学級替えができる規模」の基準で六校の小学校を一校に、二校の中学校を一校にする大規模統廃合計画が公表された。

これらの中でも、箕面市、柏原市、池田市、門真市などの首長は親橋下知事派として知られており、箕面市や池田市のように大阪府が積極的に小中一貫校のプランニングに介入している点が特徴的である。箕面市では府が民間企業に市場を提供し、池田市では高校移管等によって府が五七億円の利益を得るとされる。

それに対して、例えば最も積極的な統廃合反対運動が見られた門真市において、教職員組合が「市教委が『小中一貫教育推進』『中一プロブレム解消』『学力向上』など教育問題で『攻撃的』に学校つぶしを進める中で、教職員組合はそれらの欺瞞を打ち破る理論的・政策的な力量を高める必要がある」と運動を位置づけているのは、対抗軸の方向性を示していると思われる。

4 市町村への教員人事権の委譲

さらに橋下府知事は、やはり全国学テの結果低迷を理由に、「責任が誰にあるのか明確にする」「義務教育の責任は市町村長にある」(『毎日新聞』二〇一〇年四月八日付)といった理由により、大阪府の持つ教員人事権を市町村へ委譲する提案を続けてきた。従来、教員人事権は、都道府県が有しているが、政令指定都市のみは、例外的に人事権を有していた。その点に関して、親橋下派の池田市長、箕面市長――小中一貫特区でも最先端の自治体である――らが権限移譲に積極的なことから計画が具体化し、互いに隣接する豊中市、池田市、箕面市、能勢町、豊能町の三市二町の間で人事権委譲の合意が成立した。府は文科省に要請し、二

○一〇年四月一五日、鈴木寛文科副大臣がその要請にこたえ、「県費負担教職員の任命権を、条例による事務処理の特例制度を活用すれば市町村が処理することは可能である」と回答するに至った。ただし、教員定数の決定および職員組織と職員配置、教職員給与のための財源委譲については認められなかった。

知事は、この五自治体による人事権の行使を二〇一一年度から実施したいとし、対象自治体をさらに複数増やしている。将来的には、教職員人事権を府県教委から市町村教委に委譲する段階から、次の、市町村教委から市町村首長に委譲する段階へと移行し、首長が人事権と予算権を握れる「特区」をめざすことを表明している。実質的な市町村教育委員会の廃止である。それによって府は親密な首長がいる自治体の場合、ダイレクトに市町村の教育行政に介入することが可能になる。前述のように対象となった自治体の中には、極端な大規模統廃合および小中校一貫校事業などが進められており、府知事の提唱する道州制を見据えた「教育行政に関する適正規模」への地域再編が目論まれているといえよう。

これは、民主党の構想する改革構想を先取りするものでもある。民主党は、現在の義務教育費国庫負担制度（国が三分の一負担、都道府県が三分の二負担）に替えて、国が学校設置者（市町村レベル）に教育一括交付金を配分し、その枠内で自治体が裁量で教育費を配分することを提唱している。教員人事権、予算権は学校設置者（市町村）に委譲されるが、その規模は「教育行政に関する適正規模」＝三〇万〜五〇万人にする、といった構想を示している。また、教育委員会を廃止して教育監査委員会とし、一般行政部局が教育行政をも担うとともに、各学校レベルの学校理事会が学校運営を担当する、という図式になる。そしてこの新自由主義的な「学校参加」制度は、トップダウンの改革を下支えしていくことになる。

このように大阪府は「学力向上」施策を前面に出し、民主党政権の改革を先取りするトップダウンの教育改革を進めている。しかし、大阪府の計画を概観する限り、各自治体の小中一貫教育計画のずさんさ、特に小中一貫教育カリキュラムの未整備、露骨な統廃合政策、といった問題点が目につく。例えば、池田市における小中高一貫校計画では、地場産業である植木産業振興のためのカリキュラムづくりが果たして可能なのか疑問である。また、旧美原町の「小中一貫キャリア教育特区」の学校でも、カリキュラムに無理があることから、反対する教員が異動してしまい、非常勤教員が多くなってしまっている。

子どもから身近な地域を奪い、競争的な大きな集団の中でテスト向けに硬直化した教育を行うことは、子どもの十全な成長・発達を阻害し、場合によってはダメージを与えることは確かであろう。

II　ケーススタディ

第5章　小中一貫教育で三鷹市の学校現場は戦国時代

西田　恭平

●現在三鷹市では全市で小中一貫教育が行われている

三鷹市は東京二三区のひとつ杉並区と隣接する東京のベッドタウンです。そこには公立小学校が一五校、中学校が七校あります。この三鷹市ではすべての小学校・中学校が既存の施設を利用した施設別の小中一貫教育校になっています。二つの小学校と一つの中学校（連雀学園だけは三つの小学校と一つの中学校）で学園を構成しています。二〇〇六（平成一八）年度に「にしみたか学園」が開校し、さらに二〇〇八（平成二〇）年度には三つの学園が、二〇〇九（平成二一）年度にさらに三つの学園が開校し、市内全域で七つの学園ができています。

「学力の向上」と「中一ギャップ」の解消をねらい、「コミュニティ・スクールを基盤とした小中一貫教育」であると市は説明します。この取り組みの問題について見てみます。

教職員組合（都教組北多摩東支部三鷹地区協議会）が二〇〇九年二月に市内全二二校の全教職員を対象にアンケート調査（「三鷹市小中一貫の取り組みについて」）を行い、その実施結果には、市内全教職員の約三七％（二一六名）の回答がまとめられています。

「三鷹市が進めている小中一貫教育は、三鷹の子どもたちにとって意義のあることと思いますか」という設問に対して、「全く思わない――三〇％」「あまり思わない――五〇％」「そう思う――一一％」「とてもそう思う――〇・五％」「わからない――九％」となっていて、約八〇％の教職員が小中一貫教育に否定的な評価をくだしています。

また、「小中一貫の進め方についてどう思いますか」という設問に対しては、「非常によくない――四八％」「あまりよくない――三七％」「まあまあよい――二％」「非常によい――〇％」「わからない一八％」となっていて、進め方についても八五％が否定的にとらえていることがわかります。

それぞれの回答を選んだ理由を書く欄と、自由記述の欄があり、さまざまな意見がそこに書かれていました。それらを見ながら、また現場の声を聞きながら、三鷹市の進める小中一貫教育校の問題を考えていきます。

●コミュニティ・スクール構想の問題

地域の子どもたちは地域で育てるという発想のもと、学園ごとに、保護者代表、地域の町会や青少年対策委員、交通対策委員の代表、そして学園長や学園教職員の代表などにより「コミュニティ・スクール委員会」が構成されています。この組織は一般に言われる学校運営協議会と同じように機能し、教育目標や学園の方針、教育課程編成、予算編成などに意見を言うことができます。

学校のいわば外にある組織に学校の運営があれこれ言われるシステムとも考えられます。現場の教職員に直接見えないところで、いろいろなことが決まってしまうとも考えられます。

また、地域の教育力を学校に取り入れることを重視しています。どの程度地域の人材に協力してもらったかを報告させられます。積極的に取り入れるのは悪いことではなさそうですが、実際には授業などに協力してもらうにはさまざまな打ち合わせが必要になります。周到な準備があってこそ成果が上がります。そうでないと、思わぬ事故や間違いが発生してしまいます。相手の都合を調整しながら、打ち合わせと本番の授業と準備していくのは容易なことではありません。

さらに、地域の方に、児童・生徒との人間関係がないところで授業の援助をお願いしているので、なかなかうまくはいきません。その分も綿密な打ち合わせでカバーすることになります。これは大きなリスクを背負っていて、必ずうまくいくとは限らないわけです。机の上で考えるほど地域の人材を授業に取り入れていくのは簡単ではありません。

●授業者乗り入れの問題

中学校の先生が一部小学校へ行って授業を行い、小学校の先生が一部中学校へ行って授業を行うことが、授業者乗り入れです。三鷹市の進める小中一貫教育の大きな目玉になっています。

これがとんでもない問題をかかえています。中学校の先生が小学校へ行って小学校の先生のやっている授業に入っていきます。その中学校の先生が本来中学校でやるべき授業の部分には、三鷹市の独自予算で雇った後補充の先生（時間講師）が授業にあたります。また、小学校の先生が中学校に行くときも担任している自分の学級には後補充の先生が入り授業にあたります。本来自分がやるべき授業を他人に任せ、別の学校の授業援助をしているのです。

本来の職場での授業は経験を積んでいますので、質の高い授業を展開することができます。しかし、経験がほとんどなく、児童や生徒との人間関係がないところでは、先生自身のもっている実力が十分発揮されることはありません。人と人のつながりの中で授業は成立しているので、ただ、その場にいてもさまざまなことを児童・生徒にうまく伝えることはできません。中学校の先生は小学校、小学校の先生は小学校で授業をすることで実力が十分発揮されるのです。

他の小学校や中学校へ行ったときの代わりの授業は、臨時の時間講師の先生が担当します。責任をもってしっかりやってくれますが、児童・生徒との人間関係が薄い時間講師の先生が授業を展開していくのはただでさえ大変です。固定した時間でなく、あちこちの学級や教科、学習内容と多面にわたる指導があり、簡単にはうまくいきません。実際に、授業が崩壊してしまい、後補充の先生が退職してしまうということが起きています。

予算が組めて人が配置できるのなら、本来の授業のサポートに時間講師の先生が入ってくれたならどんなに効果が高いかだれしも考えることです。しかし、あえて効果が薄く問題をたくさん発生させる道を選んでいるわけです。小中一貫が進む中、机上で教育を考えている人たちは一時間の授業の重さをきちんととらえていないことがわかってきます。

●小学校からの一部教科担任制の導入の問題

中一ギャップの原因の一つに、中学校になって教科ごとに先生が入れ替わるようになることがあげられているそうです。三鷹市の小中一貫教育では、小学校段階から教科担任制を取り入れ、これに慣れさせていこうというものです。さらに、各小学校の先生の教科の専門性をいかし、より質の高い授業を展開させようというふれ込みです。

ある学園では小学校三年生から通年で教科担任制を導入しています。一組の子どもたちに二組の先生が体育を教え、三組の先生が理科を教えてくれます。算数は学年のクラス編成を解体して、少人数算数の先生を加えて四つにわけて授業を進めます。音楽は音楽専科、図工は図工専科が教えます。一組の先生は自分のクラスの授業がぐっと減ってしまいます。その分、他の二クラスの社会を教えることになります。

一人一人の子どもの個性に応じ、学習を進めていく点で小学校での学級担任制は大きな成果を出していて、全国ほとんどの小学校でこの方式の授業をやっています。通年で教科担任制を導入してしまうと、先にあげた例の場合、担任が行う教科学習は国語と社会だけになっています。これでは学級担任制のよさは消えてしまいます。同時に中一ギャップが小三であらわれるようになることが予想できます。

また、この教科担任制を導入することで時間割編成がとても難しくなります。先生の入れ替えが可能な形にしていくのは至難の業です。学校行事、保健行事などでの授業の変更ができなくなってしまいます。時間割がガチガチになってしまうと、いろいろ対応することができなくなります。天候により学習内容を変更する必要があるものや、地域の人材を活用して授業をやることに対応して、授業時間を調整しなければなりませんが、それができなくなります。

結果、子どもたちに質の高い授業を提供する条件をそろえることができなくなります。無理してやろうとすれば、どこかにしわよせがいくことになります。第一、調整をするだけであちこちに声をかけなくてはならず、とてつもない時間がかかります。机の上ではうまくいくことかもしれませんが、非日常の続く学校現場では、いろいろな対応ができなくなり、うまくいきません。

●交流授業・交流イベントが日常の活動を圧迫

各学園でさまざまな行事が計画されています。学園の児童・生徒が一堂に集まる学園集会という大きいものから、生徒会と児童会の交流などいろいろです。中一ギャップをうめるためということで、学園の中にある複数の小学校の同学年生の共通の取り組みはいくつもあります。移動教室（三鷹では自然教室と呼んでいます）を一緒に行ったり、いくつかのグループにわけて交流授業を行ったり、合同音楽会をやったりしています。また、同じときに、地域の人と合同であいさつ運動を展開したり、学校公開をしたりしています。

教育課程の編成は各学校に任されているはずですが、これらの学園の行事に、他の校内のことを合わせながら計画をつくっていきます。当然、調整しきれなくなります。運動会の週にあいさつ運動を朝やっていて、朝の時間に運動会の係の活動ができなかったり、交流授業のために自分の学級を他の先生にお願いして、自分は交流授業をやっていたりします。打ち合わせをするのも大変で時間を作り出すことができません。それでも「やれ、やれ」なのでなんとかやりきるしかありません。こうしたことは、日常の学校での子どもの生活を大きく圧迫していきます。

●アントレプレナーシップ教育が総合的学習の時間と日常の時間を奪取

三鷹市は全市でアントレプレナーシップ教育（起業家教育）に取り組んでいます。各学校で教育課程の編成が任されているはずなのに、アントレ教育に取り組むように市教育委員会から指示が出ています。さらに、どのような計画で進めるかの報告とどのように実施したかの報告も指示されています。

アントレプレナーシップ教育が今必要であるかどうか、という論議は現場では全くなく、トップダウンできています。小中一貫教育に取り組むだけでも負担が大きいのに、さらに別な取り組みをしなければならない現場は混乱しています。それまで、各学校では総合的な学習の時間を有意義なものにするため研究を重ねてきました。やっと安定した成果を残せる実践ができるようになってきたところで、手直しの必要が出てきました。是非の分かれる取り組みをするために今までの成果を捨てるのはさすがに耐え難いものがあります。

●外国語活動の低学年からの実施

英語活動を小学三年生から行うことでその方法などが大きく話題になる中、三鷹市では英語活動を小学一年生から取り入れています。それが適切かどうかという論議はありません。トップダウンで市教育委員会からやるように指示されています。小学一・二年生には総合的な学習の時間がありませんので、教科等の学習時間の他に英語活動の時間をセットすることになります。詰め込み学習がすでに小学一年生からスタートしてしまいます。

●なだらかな接続のカリキュラム作り

三鷹市では、学力の向上のため発展的な学習内容を取り入れる小・中をなだらかに接続するカリキュラム作りが行われました。小学校と中学校で重複して学習する内容を整理し、生まれた時間で発展的な学習に取り組むというものです。

この発想そのものに大きな間違いがあります。習熟が必要とされて繰り返し学習することを否定しているとも受け止められます。また、三鷹市独自のカリキュラムで学習を進めたとき転校等の事項が発生したときどう対応するのかという問題もあります。

三鷹市全体で各教科の小中一貫のカリキュラムを編成し、さらには各学園で小中一貫のカリキュラムを編成しました。ものすごい事務作業量に担当した教師たちは悲鳴を上げていました。そしてそれが本当に子どものためになるのか疑問を持ちながら……。

●すべてがトップダウンで行われ、子ども不在の教育が展開

「これをやりなさい。こうしなさい」。さまざまな指示が何の論議もなく、トップダウンで下りてきます。現場の先生が意見を出すと、「学園で決まっていますから」と言ってそのまま押し切られてしまいます。現場の声を聞かず、毎日の子どもたちの姿を見ず突き進んでいます。先のアンケートの自由記述では、つぎのような切実な意見が寄せられています。

「だれかわかりませんが、知らないところで、おそまつな実のない計画がされているために、子どものためになっていることが一つもない。上から命令的に下りてきて、意見をあげる場もなく進められている。」

「授業を補教にして中学にいくなんて信じられません。いろいろ苦労しながら休みもとらずにがんばって授業をやっているのに……。子どもたちと授業をやる以外に大事な仕事があるのでしょうか。もっと小中一貫でこんな子どもたちをこんな手だての中で育てていきたいとみんなで話したいです。各種教員から出された評価がいかされないだけではなく発表もされていないところは憤りを感じます。市教委は現場の状況を知っているのか疑問です。また、知っていながら突き進んでいるのなら恐ろしいです。すぐ小中一貫を考え直してほしいです。」

「どこに何を言えばいいのかわからない状況で、自分の意志が反映されない、そんなシステムの中でわたしたちがいい仕事ができるわけありません。紙一枚で指示が来て、自分がもともと予定していた作業をやめて、その指示に従わざるを得ない、そんな形で能動的な仕事ができるわけありません。当然、失敗が起きてきます。やればやるほど失敗が起き、どんどんうしろめたい気持ちになってきます。これでは健康を維持するのさえ困難です。授業の準備や子どもたちの評価に集中したいのに……。すぐ今のかたちの小中一貫をやめるべきです。」

現場の先生が直接話すことのない人たちで（現場が見える位置にいない人たちで）この事業が進められていることは明らかです。トップダウンでやらされている状態に現場はうんざりしているのです。

●多忙化に拍車

この小中一貫がスタートする前に、すでに学校現場はアップアップの状態でした。それでもなんとか子どものためにと思い、時間を生み出しがんばってきました。ところが、その状態は何も改善しないまま、小中一貫が持ち込まれました。パンクしているところに、修復もしないでさらに空気を入れても当然いい方向に進むわけがありません。それでも小中一貫を押し進めるので、やらせる側は強弁するしかありません。

三鷹市の先生は、隣接他地域ではやっていない小中一貫の仕事を山ほど余計にやっているのです。計画や打ち合わせ、調整、報告書……。これでいい結果がでるわけがありません。

究極に追い込まれた毎日の中では、少し心配だから保護者と連絡をとってみようとか、子どもに「どうだい、なんだか少し元気ないね」と声をかけたりといった余裕がなくなっています。もっと言えばこういった気持ちになる余裕すらないのです。トップダウンで強要される中身に振り回され、大事なものを見失ってしまう可能性を大きく秘めています。

三鷹市の学校現場は戦国時代に入っていると考えられます。やらなくていいことは一切やらない、それどころじゃない状況です。歴史が物語っているように、戦国時代には文化は栄えません。学校は文化発信・伝承の拠点と考えられます。そこに余裕がなければ文化が育つはずがありません。子どもを目の前にした先生に余裕があれば、さまざまなことを子どもたちと共に行っていくはずです。文化が育まれていくはずです。

小中一貫により、今大きな危機がきているのです。

●それでも子どもたちの健やかな成長を保証して

どんな学校の状況が厳しくても、子どもたちにマイナスがあってはいけないと先生たちはがんばっています。子どもたちに実害がおよぶシステムであっても実害がないように必死に取り組んでいます。これは、もう仕事という言葉で片づけられないほど献身的ながんばりの上に成り立ちます。こうしてがんばって子どもたちとつくりあげてきたものを、小中一貫の成果として発表されるとても悔しいです。小中一貫がなければ、もっともっと成果が上がるのに……。

三鷹市の進めている小中一貫の取り組みで唯一救われているのは、施設別の小中一貫で既存の施設を使っている点です。施設には何も手をつけていないので、考え方を変えると、いつでも小中一貫をやめることができる状況にあるということです。

第6章　市民にひろがった運動――東京都羽村市――

浜中　順

1　二学期制、そして小中一貫教育

東京都の西部に位置する羽村市（人口五万七千人）は、市民参加で有名な青梅マラソンの開催地「青梅市」の東隣の首都圏のベッドタウンである。市内には日野自動車工業をはじめ工業地帯があり、市財政は比較的恵まれていて、かつては修学旅行費用は全額市負担で喜ばれていた。

現市長のもとで導入された二学期制は多くの批判があり、現在行われている保護者による学校評価項目の中で一つだけ賛成と反対が拮抗している。二学期制の導入に際して「先に導入ありき」で事が進み、市民や教員の声は聞かれず、一方的に決められてしまった。広報『羽村の教育』二〇一〇年四月一日号で、施行した教育委員会自らが検証なるものを公表した。その内容は自画自賛である。

さらに新しい施策である小中一貫教育が実施されようとしている。先の二学期制の導入の後遺症として、市民の多くは「どうせ声をあげても変わらない」という敗北感とあきらめが広がっていた。もともと高くない学力テスト結果は、二学期制の導入によってさらに低下したとの声が多い。

●小中一貫計画にまず教職員組合が立ち上がる

二〇〇八年三月、地域紙の『西多摩新聞』が第一面に「西多摩初の小中一貫校平成二二年度開校へ」と伝えた。多くの学校関係者は寝耳に水であった。早速教職員組合が反応して三つの教職員組合によって一貫校対策会（以下「対策会」）が作られ、動きが作られていった。市教委事務局との話し合いが何回ももたれ、検討委員会での審議内容や疑問点が質問され改善要求が出された。また、学習会が二回もたれ、すでに実施されている三鷹市と、足立区の教員によって実態の説明がなされた。

また、市議会議員との懇談会も行われ多くの議員の参加を得、学校教育の現状への理解が進んだ。また、検討委員会の傍聴を求め、傍聴制度が作られ、傍聴が可能となった。その後の検討委員会には、開催時間が昼間であることから、退職教員や、保護者が傍聴に参加した。

〇八年四月から一〇年三月まで合計三一回もの対策会議が開かれ、『羽村市小中一貫校対策ニュース』はこれまで一二号におよび、各小中学校の全教職員に配布された。とりわけ対策会が二回実施したアンケートは運動を進める上で大きな力を発揮した。

一回目の実施・集約は〇八年七月に行われた（回収率約六〇％）が、実施すべきかの問いに対して「とても、そう思う」が〇％、「少し思う」が四％、「あまり、全く思わない」が八三％であった。同時に問うた市に望みたい要望は多い順に、①三〇人学級の実現、②提出書類の簡素化、③二学期制の再検討だった。また、市教委が小中一貫教育導入の大きな理由としている不登校解決、学力向上はほとんどの教員が期待が持てないと考えている。

さらに〇九年一二月の二回目の緊急アンケート（回収率八〇％）では、「実施に反対」が五〇％、反対で、「もっとじっくり検討すべき」が四五％、「実施すべき」はわずか二％であった。

2　市民、教職員の働きかけのなかで

●小中一貫校を断念

羽村の一貫校教育構想は途中まで、隣接する武蔵野小と羽村三中を九年間の一貫校にするための検討として進められた。一貫校だから一つの学校にするということである。まず、二〇〇八年九月保護者説明会で「何のためにするのか」「本当にきめこまかな指導ができるのか」「父母の意見を聞かずに先に強行した二期制をこのまま続けては困る」などの意見が噴出した。このようなことがあって、小中一貫校教育の二〇一〇年度実施は見送られた。「できるところから一貫校をやってみて問題点を出してみる。まずは武蔵野小の五、六年生を三中に移動する」と市教委から提起があったが、「ＰＴＡは一つになるのか」「校長は一人にするのか」など、当該校ＰＴＡ会長を含めての検討委員会では意見が出され、結局は一貫校構想は断念された。

そして一貫校でなくて一貫教育ということになった。校舎は別々で小・中学校の教育の連携を強める一貫教育に変更するとともに、羽村三中の学区だけに限らず、羽村一中・二中学区でも実施することとなった。計画の決定の仕方も、途中で〇九年九月に最終答申を出し、即教育委員会で決定するということになった。しかし、市民や教職員の「きちんと説明会を開いて広く意見を聞いてから決定せよ」という要求と働きかけによって保護者・市民への説明会後の一二月の教育委員会で決定される予定となった。

●小中一貫教育の基本計画素案

九月末日にまとめられた基本計画素案の主な内容は以下の通りである。

①目的
中学一年生の不安解消、学力向上、いじめや不登校の減少、個性や能力の一層の伸長。
②体制
施設隣接型の一貫教育校――武蔵野小・羽村三中
施設分離型の一貫教育校――羽村一中グループ、羽村二中グループ
③特色あるカリキュラム（かっこ内の数字は年間の授業時数）
小学校での英語教育――一・二年（一〇）、三・四年（一五）、五・六年（三五）
羽村学（郷土学習）――小・中全学年（一〇）
人間学（キャリア教育）――小・中全学年（一〇、ただし中二は三〇）
教科教育は九年間を見通して一貫したものにする。
親学（家庭教育講座）
④教員の配置
前期（小学一年～四年）――一年生に副担を一年間おく。三・四年生は一部教科担任制。

中期（小学五年～中学一年）――教科担任制を基本とした指導。六年へは英語（各クラスへ月一回）。

数学（小学校各学年に週一回）――中学校教員が小学校へ乗り入れて授業を行う。

後期（中学二～三年）――現在と同じ。
⑤課外活動（部活）
小学五・六年も参加。小学校の教員も中学校の部活動の指導に参加。

●学習会を機に「羽村の教育を考える会準備会」が発足

対策会（教職員組合）中心の運動から市民運動へと発展する転機となったのは、二〇〇九年九月の教職員組合主催の学習会であった。その学習会に四人の保護者が誘われて参加し、すでに小中一貫教育が実施されている足立区の実態を直接聞くことができた。

そこで聞いた生々しい現状、特に授業乗り入れによる教員の多忙化などから、保護者にも「このまま小中一貫教育を実施させてはいけない」という意識が芽生え、足立区の学校の先生から聞いた「かえって学校が荒れてしまう」という話を知り合いへと伝え、少しずつ声を広げ始めた。こうして動き出した母親や検討委員会への傍聴者の中から「羽村の教育を考える会」を立ち上げたいという声が上がり、一〇月中頃から準備会としての活動が本格的に始まった。

●小中一貫教育への不安と疑問を集約

市教委主催の説明会は二〇〇九年一一月下旬に三つの中学校で開催し、意見を聞くパブリックコメントも受付を一一月中に締め切るという市教委の提起があった。それに対して「きちんと説明会を開いて広く意見を聞いてから決定せよ」という市民や教職員の多数の要望を前面に「羽村の教育を考える会準備会」（以下「考える会」）と対策会によって運動が展開された。考える会は一一月六日に市民集会を開催し、足立区に続いてすでに実施されている三鷹市の教員による実態を報告してもらい、さらに父母や市民の不安や疑問を参加者で出し合った。不安や疑問点は以下の通りである。これらが市民と考える会の要求の原点になった。

(1)　小中一貫教育で学力は向上するのだろうか？　中学校教員が小学校に出張授業をすることになり、中学生の学力低下になるのではないか？

(2)　小中一貫教育で、いじめ・不登校は解決するのか？　子どものことをよく知っている先生が出張してしまうと、問題発見が遅れ、いじめ・不登校に逆効果ではないか？

(3)　小学校と中学校一校ずつの小中一貫となる武蔵野小、羽村三中は、九年間同じ友人関係の中で学校生活を送ることになり、幅広い人間関係が築けないのではないか？

(4)　小中一貫教育にともなう学区変更によって、起こる問題はないのか？　羽村三中が三学級編成と減少し、学校全体の教育力が落ちると懸念されている。神明台一、二丁目が武蔵野小学区に変更されると、子どもたちの通学が心配。

また、市教委に対しては次のような要望を行った。

(1)　「計画素案」を市民に十分に周知すること。

・ホームページだけでなく冊子で市内に全戸配布すること。

・説明会は参加しやすいようにそれぞれの会場で昼と夜の二回開くこと。

・時間的、内容的に説明がつくされない場合は複数回実施すること。

(2)　パブリックコメントの締め切りについては、上記(1)の全説明会の実施後まで期間を延長すること。

(3)　これら市民への周知と意見の聴取にかかわる今後の取り組み日程と、市民の意見反映の保証について明らかにすること。

(4)　保護者、市民、教育現場の教職員をはじめとする関係者との合意にもとづき実施の決定をすること。

●大幅に変更された計画素案

前記不安と疑問点にあるように、実際に教育現場の異常な多忙さ、上意下達の強制体制を知った者にとって、新たな小中一貫教育が加わることの異常さはすぐにわかることである。しかし市の広報誌を読む限りでは、小中一貫教育は、小学校と中学校が連携するということで良いことのように思われる。そこで現状をふまえた説明がなされなければ、多くの父母、市民は「何となく、いいのではないか」ということになってしまう。そのためには多くの父母や市民に説明会に参加してもらわなければならない。ただし市教委の主催の説明会なので、いいことずくめの説明が予想されるので、すでに実施されている地域のデメリットについても質問を出し、本当に目的が達成されるか不安や疑問点を出し、その解決法を明らかにしていかなければならない。

そのための説明会参加お誘いの宣伝や、現在出ている不安や疑問点を徹底して宣伝した。特に宣伝カーによる宣伝は市内の空気を大きく変えることとなった。地域行事や地域チラシ配り、駅頭宣伝も効果的だった。その結果、三つの中学校で行われた説明会にはあわせて二〇〇名弱の父母や市民が参加し、たくさんの不安や疑問点が出された。市教委担当者は明確な回答はできなく、「これから検討します。頑張ります」と答えるばかりで、「羽村学、人間学はこれまでの郷土学習や、職場体験を充実させるだけで、こうした計画がないと市独自の人（講師など）が予算化されない」とまでいった。市教委は押されっぱなしで、賛成意見はたった二人に過ぎなかった。

パブリックコメントの受付期間も要望によって少し延長された。わずかな期間ながら四〇名以上の方々から一二〇件以上の意見が寄せられた。これら説明会の盛り上がりとパブリックコメントへの参加は私たちの運動の大きな成果であった。

しかし小中一貫教育の基本計画は、予定の一ヵ月後の二〇一〇年一月の教育委員会で強行決定された。中学校での説明会には教育委員は一人も出席せず、そのため説明会のようすは教育委員会事務局から教育委員に報告された。その報告をもとに教育委員による意見交換がなされたが、それらは公開の教育委員会のあとの秘密会で行われた。さらに教育委員会での計画素案の重大な実施決定も異常な形で行われた。事前に問題点を具体的に陳情書であげ教育委員会の審議にのせたが、問題点の検討はされず、「検討委員会で市民の意見（ＰＴＡ会長と自治会長のみ）を聴き十分論議した」として否決され、計画素案は原案通り決定されたのである。教育委員会を傍聴していた保護者・市民は怒りに震えた。教育委員会がいかに市民の声に耳を傾けようとしていないかが明らかになった。今後の大きな課題となった。

しかし、これらの運動によって素案は大きく書き換えられた。

⑴　中期の小学五・六年生の教科担任制については、「基本とする」から「専科教員による指導を増やしていく」と後退した。この点は、現場では、教科担任制にすると時間割表が組めないという不満が上がっていた。

⑵　英語（各クラスへ月一回）、数学（学年に週一回）で、中学教員が小学校六年へ乗り入れ授業をするという点については、かっこ内の時数が削除された。このことは学校グループの実情によって時間数をかえられることであり、無理をしてやる必要はないと理解される。無理に行うことによる本来の教科担任の授業時数減少による学力低下と担任不在によるいじめ・トラブルなどの増加が心配されている。

⑶　乗り入れ授業の後補充に必要とされる人材は、当初、学力低下になるという心配をつきつけられ、市教委はベテランの非常勤教員を確保すると説明していたが、市民の指摘通り無理なことがわかり、これ

から検討するとしている。

以上の通り、運動の結果、素案の曖昧な点や無理な点が削除された。乗り入れ授業の時数については今後の各学校グループで計画される実施計画にゆだねられる。実施計画の決め方に、市民、保護者の意見を反映させ、無理な計画はさせないような動きを作っているところである。

3　運動を通じて創り上げた市民・教員の連帯の輪

こうした取り組みに参加した人は「広報などの紙面やインターネット上では全くわかりにくく、人の心は動かされない。人から人へ生の声や訴えによって人は動いていくものだなあ」と実感したと述べている。特に市教委主催の説明会や考える会主催の市民集会での保護者の発言は子どもの実態から出ているものなので説得力があり、聞いている人の共感を生んだ。チラシ作りに関しても同じで、保護者市民の目線で作成されたチラシは様々な意見や立場を乗り越え、多くの人に受け入れられていった。

「反対を強調しすぎると保護者は引いてしまう」「先生は小中一貫教育で、自分たちが忙しくなるから反対しているという誤解がある」「専門用語がわからず、ついて行けない」などの意見をいかして、「計画の全面的な反対」でなく「市民の意見を聞き十分な検討」を訴えの中心に置いた。また子どもや保護者の生の声によって問題点を浮き彫りにし、専門的なことは、よりわかりやすく表現して載せるようにした。その中で回数を重ねるごとにだんだんわかりやすく、問題点をとらえたチラシに仕上がっていった。

「意見が大切にされ、運動に取り上げられていくことで、自分が必要とされているという実感がわいてい

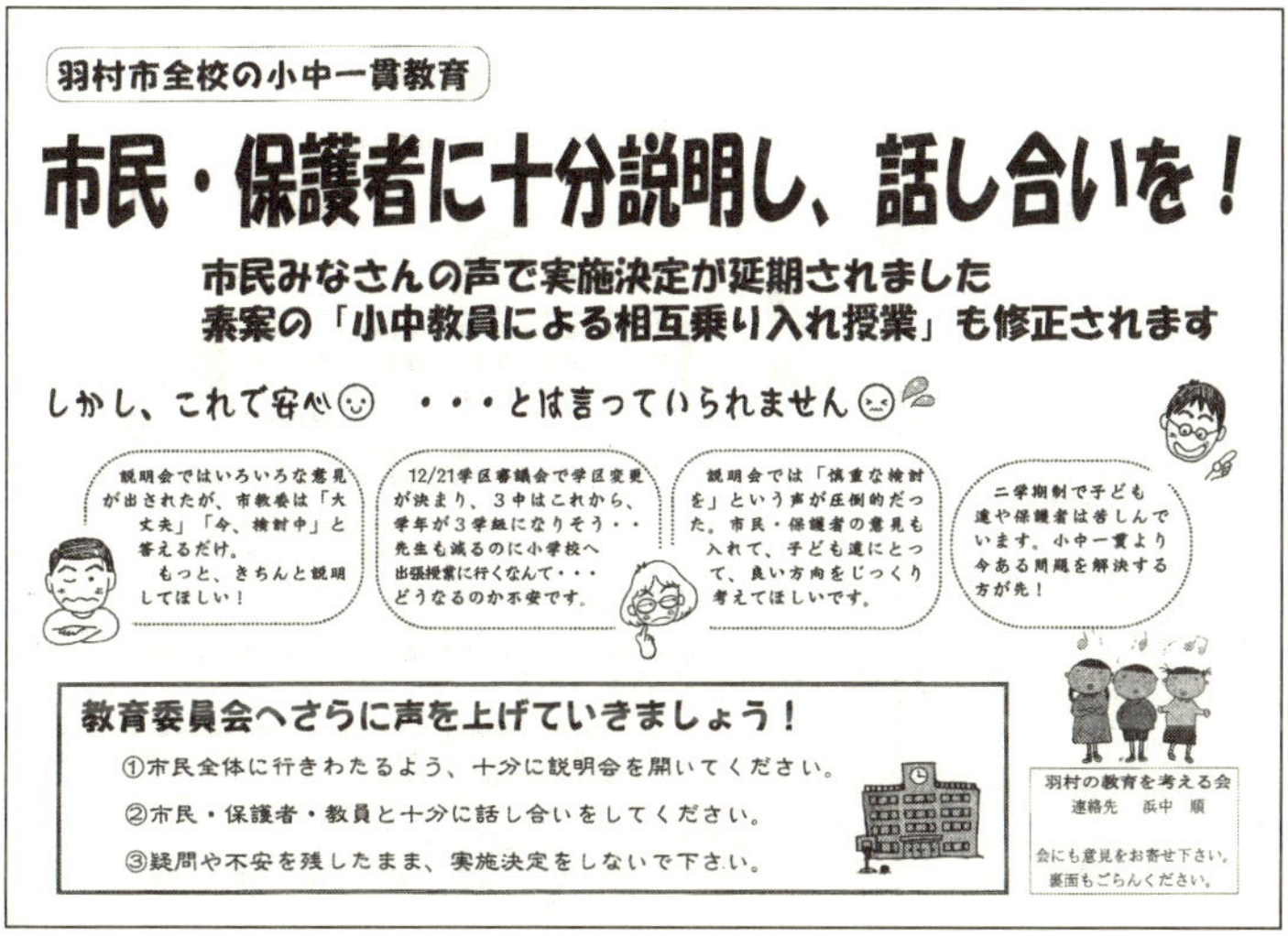

羽村市全校の小中一貫教育

市民・保護者に十分説明し、話し合いを！

市民みなさんの声で実施決定が延期されました
素案の「小中教員による相互乗り入れ授業」も修正されます

しかし、これで安心 ・・・とは言っていられません

説明会ではいろいろな意見が出されたが、市教委は「大丈夫」「今、検討中」と答えるだけ。
もっと、きちんと説明してほしい！

12/21学区審議会で学区変更が決まり、3中はこれから、学年が3学級になりそう・・先生も減るのに小学校へ出張授業に行くなんて・・・どうなるのか不安です。

説明会では「慎重な検討を」という声が圧倒的だった。市民・保護者の意見も入れて、子ども達にとって、良い方向をじっくり考えてほしいです。

二学期制で子ども達や保護者は苦しんでいます。小中一貫より今ある問題を解決する方が先！

教育委員会へさらに声を上げていきましょう！

①市民全体に行きわたるよう、十分に説明会を開いてください。
②市民・保護者・教員と十分に話し合いをしてください。
③疑問や不安を残したまま、実施決定をしないで下さい。

羽村の教育を考える会
連絡先 浜中 順

会にも意見をお寄せ下さい。
裏面もごらんください。

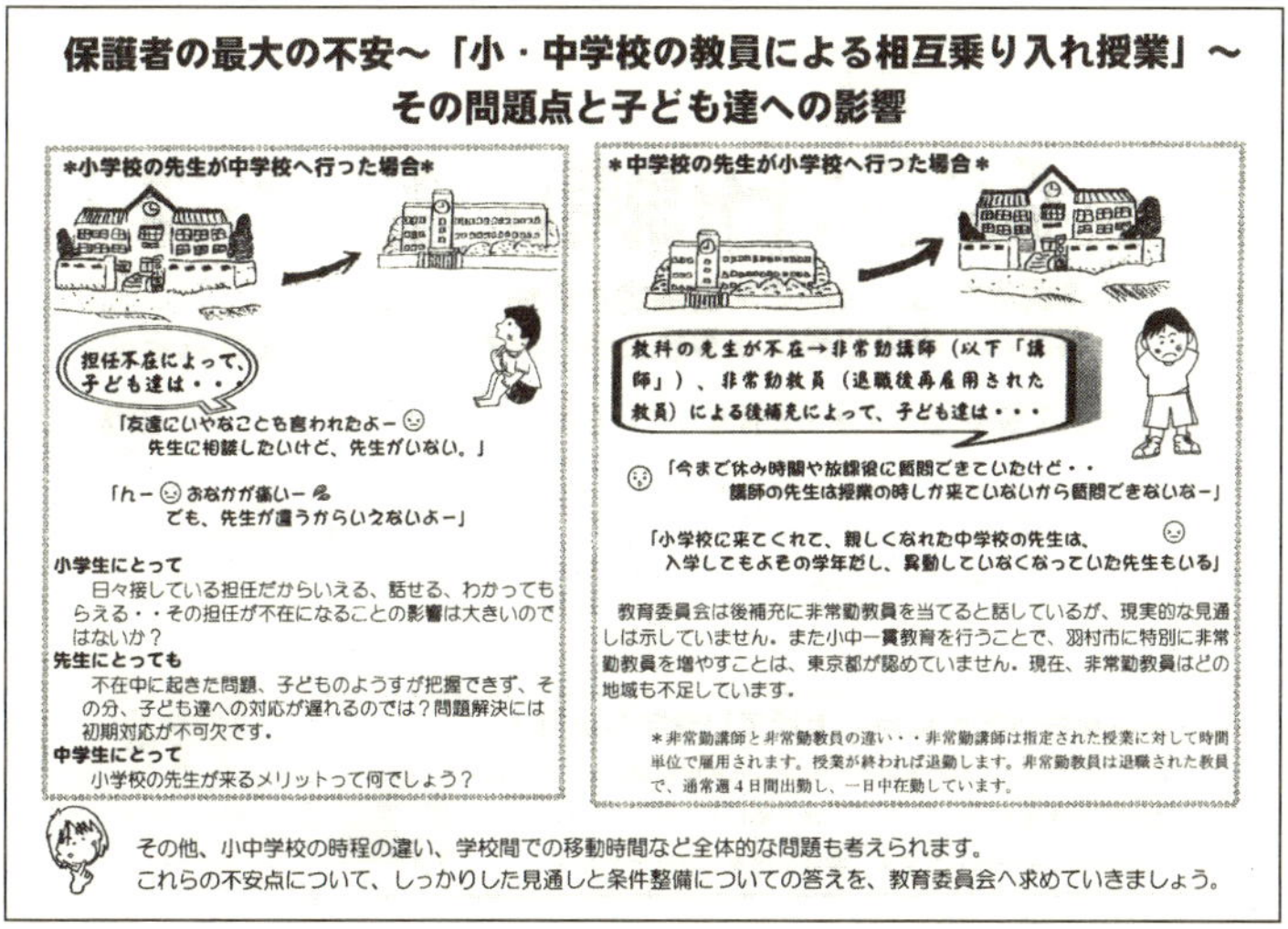

保護者の最大の不安～「小・中学校の教員による相互乗り入れ授業」～その問題点と子ども達への影響

＊小学校の先生が中学校へ行った場合＊

担任不在によって、子ども達は・・

「友達にいやなことも言われたよー
先生に相談したいけど、先生がいない。」

「んー おなかが痛いー
でも、先生が違うからいえないよー」

小学生にとって
日々接している担任だからいえる、話せる、わかってもらえる・・その担任が不在になることの影響は大きいのではないか？

先生にとっても
不在中に起きた問題、子どものようすが把握できず、その分、子ども達への対応が遅れるのでは？問題解決には初期対応が不可欠です。

中学生にとって
小学校の先生が来るメリットって何でしょう？

＊中学校の先生が小学校へ行った場合＊

教科の先生が不在→非常勤講師（以下「講師」）、非常勤教員（退職後再雇用された教員）による後補充によって、子ども達は・・・

「今まで休み時間や放課後に質問できていたけど・・
講師の先生は授業の時しか来ていないから質問できないなー」

「小学校に来てくれて、親しくなれた中学校の先生は、
入学してもよその学年だし、異動していなくなっていた先生もいる」

教育委員会は後補充に非常勤教員を当てると話しているが、現実的な見通しは示していません。また小中一貫教育を行うことで、羽村市に特別に非常勤教員を増やすことは、東京都が認めていません。現在、非常勤教員はどの地域も不足しています。

＊非常勤講師と非常勤教員の違い・・非常勤講師は指定された授業に対して時間単位で雇用されます。授業が終われば退勤します。非常勤教員は退職された教員で、通常週4日間出勤し、一日中在勤しています。

その他、小中学校の時程の違い、学校間での移動時間など全体的な問題も考えられます。
これらの不安点について、しっかりした見通しと条件整備についての答えを、教育委員会へ求めていきましょう。

「羽村の教育を考える会」発行のチラシ（2010年2月） 上：表面。下：裏面。

きます。この実感があって初めて、主体的に参加して行くようになったと思います」と参加者は語っている。

また、チラシを受け取った現場の教職員からも「核心をついている」と評価された。今まで二学期制での挫折などにより、あきらめていた父母がこの運動を通じて「動けば変えられる」という自信を回復できた。また口コミやチラシで知らせる中で関心がある市民、教職員OB、子どもの文化サークル、労働組合などの力を結集できるネットワークをつくることができたのが大きな成果であった。

●小中一貫教育をめぐる運動のこれから

『西多摩新聞』での公表以来三年。教職員組合によるすばやい追及と宣伝によって大きな問題として浮上させた。それに「羽村の教育を考える会準備会」の運動が加わり市民運動として発展した。これまでの宣伝によって「小中一貫校教育には問題点があるらしい」という世論を創り上げてきた。

市議会でも「小中一貫教育を慎重に進めてほしいと市教委に働きかけてください」という陳情が出され、議員一八人中（うち一人は議長）、採択が五人、趣旨採択が三人で、不採択九人も「陳情の趣旨は理解できるが、教育委員会がしっかりやっているので、あえてこの陳情は必要ない」ということであった。市議会でもこの件で多くの意見が出され、市民運動が強く反映された。

これから実施計画が三つの中学校区で該当小・中学校によって作られる。この間の運動によって素案の曖昧な点は削除させた。しかし実施計画で再び浮上する危険性を持っている。「これまでの検討委員会の検討でPTA会長と自治会長が参加していたので十分市民の意見は聞いた」と言い張る市教委の指導のもとで、中学校区ごとの実施計画作成の段階で市民の意見をどう扱わせるかが運動の焦点となっている。

第7章　町村合併・学校統廃合と小中一貫教育——宮城県栗原市——

鈴木健三・佐藤茂雄

●栗原市と金成地区

宮城県栗原市は、宮城県北にあり、岩手県との県境に位置しています。当市は二〇〇五年四月一日に栗原郡一〇町村が合併し、誕生しました。人口は約八万人、面積は県内最大の八〇五平方キロで、自然と四季のうつろいが大変美しい田園都市です。金成地区（旧金成町）は、栗原市の北部に位置し、岩手県一関市と隣接しています。人口約八千人、面積七八・五平方キロです。現在小学校五校、中学校一校があります。かつては小学校の分校二校、中学校五校があり、一九九五年頃まで統合・廃校の連続という苦い経験をしてきています。

ここ栗原は、岩手県一関とそのすぐ北の平泉に隣接していることもあり、歴史的には、古代・中世・近代と、中央の権力と地方とが絶えずせめぎ合いをしてきた境界の地域です。地方のそれは、蝦夷、藤原氏、自由民権運動と時代によって変わってはきています。そして、中央の権力に従順にしている時期がほとんどなのですが、時として強く抵抗することが、繰り返し行われてきた地域です。そうした栗原の金成地区はその最北端で最前線です。

●学校統廃合問題を隠して五年前に一〇町村が合併

二〇〇五年、今から五年前に、一〇町村が合併し、栗原市は誕生しました。その前年に行政の呼びかけで、住民ワークショップがもたれ「まちづくり基本計画」が策定されました。しかし、そこには全く学校統廃合問題は出されませんでしたし、基本計画にも全く載っていません。

この学校統廃合問題が表面化したのは、二〇〇七年になってからです。合併後に当時の合併協議会の議事録を調べ直して次のことが分かりました。「町村立学校の通学区域の取り扱いについて」という検討項目の中で、この表題とは違って、学校統廃合の問題が出されていました。議事録では、「児童生徒数の動向を踏まえ、新市によって検討を行うものとする」と明文化すると「読んだ方にこれが早速行われるという印象を与えるのではないかという危惧がある」という意見のもとに結局、学校統廃合問題は出さないとしてしまいました。

このように問題を先送りし、隠して一〇町村の合併は決められました。栗原市教育委員会は、事あるごとに「合併して初めて、学校間の差異が大きいことが分かった」と言っていますが、これは全くのウソです。二〇〇七年の学校再編の検討委員会の議事録でも、市教育委員会が「旧金成町教育委員会から『学校再編「小学校の適正規模」について』の事務的な引き継ぎを受けている」という記述がありました。

一方で、合併直後の二〇〇五年八月・九月の市内一〇ヵ所での移動市長室でも、翌年〇六年四月の市内一〇ヵ所での市政懇談会でも、行政当局からは学校統廃合について何も出されていません。その一方で、その前の〇六年三月にすでに栗原市教育委員会は「小・中学校の適正規模および適正配置に関する基本的な考え方および適正化に向けた具体的方策」を打ち出しています。つまり、合併直後に行政当局はいち早く学校統廃合の方向を出し、その準備を市民には知られないようにして進めていたのです。

●栗原市になって大規模な学校統廃合を提起

栗原市において学校統廃合問題が表面化したのは、二〇〇七年一月に栗原市教育委員会が、学校教育環境検討委員会に中間報告（案）を出させ、二月に公表してからです。そこで市教育委員会は、市民に一回目のパブリックコメントを求めています。さらに、同九月には最終報告（案）を出させ、市内一〇ヵ所で説明会を開き、二回目のパブリックコメントも求めています。市教育委員会は、それらで市民の意見を一応聞いたという形をとって、翌〇八年二月に「栗原市立学校再編計画」として決定しました。

この決定された学校統廃合計画では、現在三〇校ある小学校は前期（二〇一四年まで）に一二校（金成小中一貫校を含む）に、さらに後期（二〇一九年まで）に一〇校（更に小中一貫校増）と三分の一にするとしています。また現在合併前の各一〇町村ごとに一校ずつある中学校は、前期（二〇一四年まで）に八校に、後期（二〇一九年まで）では六～八校（小中一貫校・中高一貫校を含む）にするというものです。このように栗原市の学校統廃合計画は、超大規模のものです。

市教育委員会は、一学年一学級の小規模校では、教育上のさまざまな問題があるので、小学校はクラス替えによる交流を可能にする各学年二学級以上の一学年二～三学級、児童数二二〇～六三〇人。中学校もクラス替えによる交流を可能にするためと、教科ごとの専任教員を確保するため各学年三学級以上の一学年三～五学級、生徒数二一三～五二五人の「適正規模」への統廃合が必要だとしています。

しかし、この中学校での最低九学級を必要とする教科ごとの専任教員の確保という理由は、全国的にはほとんど例の無いことです。これは、「教育環境を改善」という理由はほとんど当てはまらない、典型的なコスト削減のための統廃合で、効率的学校運営を全てに優先させ、「適正規模」以下の学校を機械的に切り捨てていくものです。

現在、金成地区の一中学校五小学校を一校にしてしまう金成小中一貫校が焦点となっています。その金成中は七学級で、市教育委員会の「適正規模」では、近隣の若柳中（一〇学級）か、栗駒中（一〇学級）との統合が必要になってしまいます。そうではなく、金成地区に中学校を残そうとするなら、自分たちの作った「適正規模」の例外としての小中一貫校を持ち出したと思われます。そのためには、金成地区の小学校五校を一校に統合して中学校にくっつけるということなのです。

●複式を避けたいという保護者の願いを逆手にとって

二〇〇七年三月に一二件出された一回目のパブリックコメントの中に、旧金成町での内実が明らかになる意見が出ていました。それは、合併直前の〇四年時点で、旧金成町内の萩野二小（〇七年三四人）に入学する人数が三人だけということで何とか複式を避けたいという保護者の意見でした。その保護者は、「金成町学校整備の未来懇話会」という検討会で町村合併前に小学校を再編するように訴え、当時の金成町教育委員会は、小学校の統合推進計画を出したとしています。これが合併協議の段階では、前述のように、旧金成町以外の他町の一般住民には反発を招き、合併の障害となるため、隠されて推進されていきました。

このパブリックコメントの意見に対する当局側の考えとして、「栗原市教育委員会に旧金成町教育委員会から『学校再編「小学校の適正規模」について』の事務的な引き継ぎを受けております」とありました。さらに、「引き継ぎを受けた内容は、今回の中間報告（案）において示しているとおり、旧金成町に限られた課題ではなく、栗原市全体で同様の課題を抱えている現状から改めて、栗原市全体を視野に、『栗原市学校教育環境検討委員会』で、検討を進めているものでございます。『統合意識のある地域から』とのご提言は、これからの進め方について貴重な意見として受け止めさせていただきます」としています。

複式を避けたいという保護者の願いには、複式や小規模校のメリット、大規模校のデメリットが知られていないという事情があります。市教育委員会は、この萩野二小の保護者らの複式を避けたいという願いを逆手に取り、小中一貫校で、学校統廃合を計画してきているのです。つまり、金成地区内の他の沢辺小（一五〇人）、金成小（八一人）、萩野小（六四人）、津久毛小（四七人）の四つの小学校も、小中一貫校という、何か目新しい装いの学校だとの期待をもたせて、一挙に金成中の空き教室に入れてしまい、教育のコストダウンを図ろうとしてきています。さらに、この金成地区だけでなく、この際、これを利用して、栗原市全域で一律の「適正規模」のもとに大規模な学校統廃合をしてしまおうというものなのです。

●財政効率を優先して

栗原市金成地区に作られようとしている中小一貫校（五小学校と一中学校・施設一体型小中一貫校）は、典型的な財政効率性を追求したものです。小学校五校と中学校一校を統合して、一校にすると、国と宮城県で年間約一・九三億円以上の削減効果があります。

その主な内容は、教職員数は小学校だけで現行県費負担教職員五四人が一九人となり三五人減で、年間約二億円以上の削減効果があります（**表5**、一四頁参照）。

さらに、市負担である市職員の人件費、消耗品費、水道光熱費、教材費、施設の管理・修繕費・維持管理費等も削減されます。

しかし栗原市教育委員会は「小中一貫校は教育効果」のためであって、コストダウンは後から付いてくるものと言って、財政効率性の統廃合のための理由を隠しています。

子どもたちにとってのこの金成の施設一体型小中一貫校は、様々なことが問題となってきます。施設面では、新しい施設をという要望がある中で、古い施設（金成中学校の空き教室）を改修しただけの金をかけない「統廃合」となります。

教育内容面では、六校分を一つにして小中一貫校の独自カリキュラムを作ることは、大変な作業です。しかも、国際的には、中高一貫教育については経験が積み重ねられてきているとのことですが、日本においても小中一貫教育についての検証は、まだ十分に行われていません。小中一貫教育は、未確立・未経験の分野であり、「中一ギャップ、いじめなどの克服」についても、すでに先行して行われているところでも、その効果に疑問が出されています。何よりも小中一貫教育は、子どもたちの現実から出発していません。通学、授業時間、校庭・校舎・体育館の使用、部活、学校行事、文化活動等、小学一年生から中学三年生までを一つにしてしまうことには矛盾や問題点が多すぎます。子どもたちの生活リズムにはまったく合っておらず、これでは子どもたちが犠牲にされてしまいます。

旧金成町内の各地区――萩野、金成、沢辺、津久毛――は、それぞれ大変貴重な独自性を持っています。それぞれの地域における核である学校が無くなってしまうことは、それぞれの地域の文化、伝統、自然を守り、存続させていく上で大変な困難を生じます。子どもたちの成長・発育にとってもこれまで各地域は重要な役割を担ってきました。それを、財政効率性のために小学校五校と中学校一校を統合して、一校にすることの金成の小中一貫校は、あまりにも失うものが大きすぎると言わざるを得ません。

●住民の運動で統廃合に待ったをかけた地区も

二〇〇六年に「栗原の教育を考える会」は結成され、少人数学級実現をめざすシンポジウムを開催しました。〇七年には、栗原市議会に少人数学級実現をめざす請願署名（三五〇〇人分）を提出し、その結果、市議会で全会一致の採択を得ました。

栗原市教育委員会から〇七年一二月に学校再編計画（案）が出された直後から、栗原市内各地でそれに対して疑問を投げかけ、反対する住民の動きが始まりました。「栗原の教育を考える会」は、「栗原の教育を考える」シンポジウムを開催し、教育委員会にパブリックコメント・公開質問状や「再編計画案の慎重審議を求める」請願を提出し、教育委員会傍聴を行いました。

その結果、市教育委員会によって、再編計画自体は決定されてしまいましたが、「高清水中学校を前期統合の対象からはずす」「地域の合意形成なくして統廃合は進めない」などの部分的な成果を得ました。

この高清水地区は、民主的な住民の力が行政を動かすことがいち早くできたところです。「高清水中学校は前期統合の対象からはずして」という一致点でまとまり、高清水地区人口（約四二〇〇人）の六二％を超える、二六二五人の要望署名が再編計画（案）発表直後、短期間に集められました。高清水小・中学校ＰＴＡの会員を中心として、婦人会、ＪＡ栗っこ女性部、老人クラブ、ボランティアのはこべの会、その他多くの人々が結集し、地区選出市議三人全員も加わって、地域ぐるみの運動に広がった結果です。

その結果、市教育委員会に「当面は存続させ後期までに見直しをする」と言わせ、先延ばしにさせることができました。「声を上げて本当に良かった」と高清水地区の人たちは、喜んでいました。さらに、後期計画までの間に、「高清水にとってどんな姿の学校が良いのか、私たちみんなで考えよう」という機運が生まれたといいます。二〇一〇年度予算では、高清水中学校の耐震補強工事がようやく予算化され存続への見通しが明るくなっています。

●問われている市長、行政の信頼性

五年前の栗原市誕生の際の佐藤勇市長の市長選挙ローカルマニフェスト（二〇〇五年度版）では、「教育――『少人数教育』等を一期目の四年間で実施。小学低学年は二〇人学級として目の行き届いた教育環境を実現する。……『教育環境日本一の栗原市』を目指す。……学校教育の新規事業として四八万円で『学校教育環境検討委員会設置事業』の設置を行う」としていました。これは、前述の「栗原の教育を考える会」の少人数学級実現をめざす請願署名と市議会で全会一致の採択が大きく影響していることは明らかです。

しかし、市長になってからの、次のローカルマニフェスト（〇七・〇八年度版）では、前回の「二〇人学級」はどこかに消えてしまいました。そしてこの「学校教育環境検討委員会設置事業」の内容は、前回の「市内小中学校区について、保護者の意見を聞きながら、児童・生徒が勉強しやすい環境を検討する委員会の設置を行います」から、ここでは「小中学校の適正規模・適正配置、幼稚園の保育年数と適正規模・適正配置など将来の教育環境について検討しています」に変わってしまいました。つまり、当初の「学区再編」から「適正規模、適正配置……」へという学校再編にそっくりすり替わってしまっています。

これは明らかにローカルマニフェスト違反であり、市長という栗原市の政治リーダーとしてあってはならないことです。

一方、栗原市教育委員会の方は、〇九年一二月に行った「ゆきとどいた教育をすすめる栗原市民の会」との懇談会で、今回の学校統廃合計画を「子どもたちのためによりよい教育環境を目指すもの」だとし、「財政問題は、目的でない。結果としては、そういうことになることは、否定しない」と言っています。しかし、「国が、一学級を三〇人とかにすれば、それに沿ったものにすぐする」とも言いました。国がいずれ三〇人にしていくことは、実現性が高く、国の動向に合わせて、三〇人とか低学年二五人とかにも直ちに対応するようです。こうしてそもそも市教育委員会は人数の根拠を持っていません。市教育委員会の本音は、財政問題であり、学校設備とその維持費、教員の人件費等を抑えることにあることは明らかです。

市教育委員会の学校再編計画は、子どもたちの実態、現実の教育現場、地域の実態を見ずに無視し、いかにお金をかけないで、新自由主義的に教育効果が上げられるかを追求して作った、単なる小手先の数字合わせ、辻褄合わせの机上のプランにすぎません。

市長にしろ、市教育委員会にしろ、今、問われているのは、「行政の信頼性」です。合併以前の経過と統廃合計画推進の現在までの、一連の行政手続に見られるのは、透明性・信用性の欠如です。こうした信頼性が欠如しているにもかかわらず、市教育委員会は学校統廃合の市民への押し付けを今、更に強めてきています。

●「考える会」から「教育市民の会」へ発展改組し、ネットワーク型の粘り強い運動へ

二〇〇九年九月二六日にこれまでの「栗原の教育を考える会」から、「ゆきとどいた教育をすすめる栗原市民の会」の設立総会へと、ネットワーク型の運動体へ発展・改組しました。そして、同年一一月二〇日に第一回学習会として、「小中一貫校」問題を取り上げ議論し、次の三点をまとめました。

(1)　小中一貫校をはじめ新自由主義教育改革の現状と問題点――特に小中一貫校、大規模校、学校統廃合のデメリットが保護者・市民に充分に伝わっていない。

(2)　新自由主義的学力観の克服とそれに対する対抗軸の提示の必要性――まだまだ新自由主義的イデオロギーとその学力観が、行政・保護者・市民にも大きな影響を持っている。

(3) 地域の課題の方向性を出していく必要性——地域経済と地域コミュニティの再生の問題と教育の課題は密接に結びついている。

これを受けて、二〇一〇年二月七日に「栗原の学校統廃合を考えるつどい——金成の小中一貫教育の問題点を中心に」を開催しました。栗原市内の一〇地域の民主的な住民の力はまちまちです。金成地区は会の会員も少なく、地域での影響力もほとんどない地域です。しかし、市民のネットワークがようやく今、できつつあり、金成地区でのこの「つどい」は、合併前だったら、開催できなかったでしょう。

栗原市教育委員会は広報を使って「金成地区の〇〇小のPTA同意……」という記事をつぎつぎと載せています。同意といってもその中身が問題ですし、広報等では小中一貫校のメリットしか載せていません。一方的な情報の中にこの金成地区の住民は置かれています。会は、「つどい」の案内チラシを全戸配布。学校訪問、PTA・地区役員への働きかけ、ポスター掲示などしました。結果は、全体で五〇人の参加でした。確かに地元からの参加は決して多くはありません。しかし、地元が注目する「つどい」にはなりました。何よりもメリットではなく、デメリットをいろいろ考え、心配している市民運動の存在を地域に知らせることができました。

市教育委員会の攻勢をはねのけるのは、地域・コミュニティの力、その教育力、住民自治の力にあります。これらが弱くなってきているところ、崩れているところ（弱い環）が落ちていきます。これに対して、まわりから支える、支援することが、同じ一つの市になったのですから必要です。この金成地区の中にも、今後どんどん、学校統廃合に反対し、ゆきとどいた教育をすすめるこの会のネットワークを広げていきます。

●住民を主人公に、住民自治を、民主主義の確立を

二〇〇九年の四月は、市長選挙の投票時期にあたり、本来ならば学校統廃合問題だけでなく、町村合併の全般的検証をしなければならない時期でした。しかし、岩手・宮城内陸地震後一年であったため、現職以外に立候補がなく選挙が無投票になりました。合併で職員がどんどん減らされ、役場が地域住民から遠くなっています。今、さらに旧一〇町村ごとにある総合支所や教育センター等の統廃合が進められようとしています。国からの地方交付税削減による財政危機は、この栗原市でも深刻です。

少子化、高齢化、過疎化、人口減が進む中で、大きいところにまとめてしまえば、経済的効率が上がるという新自由主義的な考えは、この栗原では、まだ根強く残っています。これでは、行政が過疎を促進しているのであり、若い保護者たちが地域に住まなくなります。学校統廃合は、地域から子どもを取り上げ、子どもたちの声・姿・存在を消してしまう施策です。今、栗原では、子どもを抜きにした地域づくりが進められています。熟年や高齢者自身のボランティア活動は盛んになってきていますが、老人と子どもの交流・世代間交流が決定的に不足しています。これでは、後継者づくりはできません。

地域の文化、伝統、自然を守っていく、存続させていくとともに、町村合併の全般的検証をして、地域経済の再生、地域・コミュニティづくりに繋げる。それを「地域―子ども―学校」を軸とした視点から取り組んでいきたいと考えています。

中央の権力と地方との関係――従順か、せめぎ合いか――ということから言えば、これまでの栗原市の教育行政は、国・宮城県に従順・先取りでした。これを、このように進める市民運動によって、せめぎ合いに転換させ、住民自身がこの栗原市の真の主人公になるようにして、住民自治と民主主義を確立していきます。

終章　対抗軸を模索する

山本 由美

第Ⅱ部の三つのケーススタディは、都市部における小中一貫校の実態とそれに反対する教職員、父母の運動、および過疎地における典型的な学校統廃合目的の小中一貫校に対峙する市民の姿を明らかにしている。

小中一貫教育は、小学校と中学校がそれぞれ持っていた理念や文化や具体的なカリキュラムを根こそぎ別のものに転換してしまう制度である。特に、小学校の存在を大きく別のものに変えてしまう。教職員の意識改革にとって、これほど有効に働くものはない。トップダウンで、例えば経済的な目的に沿って教育改革を進めたい層にとって、非常に有効なツールである。公教育を序列的に再編していく新自由主義教育改革にとって、学校自治的な関係、すなわち地域の学校レベルで、教職員のみならず子どもや保護者や地域住民の意向によって自主的に様々なことが決定されていくような仕組みは、最大の障害になる。厳しい教職員管理体制のもとであっても、そのような関係の片鱗があればたたきつぶさずにはいられない。そのような「改革」が、まだ十分に検証されていない小中一貫教育の「有効性」を提示することによって、保護者にはすんなりと受け入れられてしまうのである。

また、かつて多くの小学校の子どもたちは、比較的のんびりゆっくりと、思いっきり遊んだりぼんやりしたりしながら、仲間と一緒に地域でその時期を過ごすことができた。子どもたちは、大人が思う以上に身近な親密な関係の中で生活している。それはおそらく人格形成にとって必要とされるステージだったはずだ。そして、そこで培った力や地域の人間関係によって、やがて厳しい思春期を乗り越えて自我を確立させていった。国際的に見ても、小学校は「家族的な、地域にある小規模な学校」である場合が多い。でも、その〝世界〟が、大きく別のものになってしまう。

●都市部における教職員と保護者の共同の可能性

都市部の場合、小中一貫教育の持つ問題点を教職員と保護者が共有できれば、簡単に事態は進められないことを、二つのケーススタディは示している。特に、「授業乗り入れ」がどれだけ教員にとって負担があり、子どもにもダメージが大きいかが見てとれる。羽村市のケースでは、三鷹市などから学習した中のその一点で、保護者が大きく動いたことが運動のひろがりにつながっている。これに先立って両市では、教職員を対象にした小中一貫教育に対するアンケート調査が実施され、そこで制度の問題点が明らかにされていた点が大きい。当然ながら、ほとんどの教職員が反対する「改革」は容易に進められるべきではない。しかし、そのような全教職員対象アンケートを実施することすらできない自治体は少なくないと思われる。

三鷹市のケースを見ると、机上の制度改革はいろいろあっても、学校は、教師と子どもの人間関係、人格的な触れ合いをベースに動いていることが示されている。それが、小学校の学級担任制の持つ意義でもあった。学級集団とは、家族の次に子どもが人間関係を学んでいく場であったはずだ。また、制度改革を押しつけられても、ぎりぎりのところまで自分たちの所で無理をして、子どもたちにできるだけダメージがいかないように努力している多くの教師たちの姿が見てとれる。

小中一貫教育は、学校統廃合に比べると、保護者が反対しにくく反対運動が起こりにくい。しかし全国的にみると、都市部を中心に学校統廃合反対運動として教職員と保護者の共同に成功したケースも見られる。

京都府宇治市では、二〇〇五年に教育委員会の「宇治市学校規模適正化検討懇話会」が答申を出した後、「小中一貫教育をスタンスとする学校規模の適正化と適正配置を考えていく」として、「小中一貫校」と「強固な小中ユニット（施設別の小中一貫教育校）」の二本立てで全市的な小中一貫教育導入が計画されてきた。先行的に、宇治小学校を小中一貫校にするという計画に対し、保護者、市民、教職員らが共同して「宇治小『小中一貫校』を考える会」を結成し反対運動を開始した。その中で、小中一貫化されることによって、以前の小学校の狭い敷地に一〇〇〇名強の児童生徒を収容することになる、中庭だけで小学生七〇〇名が一度に遊ぶのは無理、小学校として建て替えをしてゆったりとした校舎の方がよい、小学生にとって一五歳の中学生は〝こわい〟など、と具体的な問題点が提示されてきた。小中一貫校になることによって、子どもたちをとりまく環境がどう変わるのか、ていねいにシミュレーションが行われて、詳細な『考える会ニュース』を通じて地域に発信した。また、会は地域で一万筆以上の反対署名を数回集めた。最終的に、運動は押し切られ一貫校設置は決定されてしまったが、このような、子どもにとって小中一貫教育が実はどのようなものになるのか、保護者と教職員が共同して検証していく作業がごく普通に行われたことは画期的であると思われる。

同様に、二〇〇六年、「学力向上」を理由に小中一貫教育が導入されようとした大阪府門真市でも、教職員組合、市民、保護者らが積極的な反対運動を行って、一校で阻止している。そこで教職員組合が「市教委が『小中一貫教育推進』『中一プロブレム解消』『学力向上』など教育問題で『攻撃的』に学校つぶしを進める中で、教職員組合はそれらの欺瞞を打ち破る理論的・政策的な力量を高める必要がある」と運動を位置づけているのは、対抗軸の方向性を示している。実は、行政は単に〝学校つぶし〟、すなわち統廃合をしたいだけなのだ、という位置づけができた場合、反対運動は組織されやすいと思われる。

●過疎地における反対運動の困難さ

それに対して、絶対的な子ども数の少ない、地方の過疎地における小中一貫校に対して異議を唱えていくことはむずかしい。宮城県栗原市のケースに見るように、小学校統合・廃校により地域の限界集落化が進むことを懸念した地域住民や、学校に対して問題提起をしやすい立場にある退職教員が運動の中心になるケースが多い。多くの住民にとって、地域の産業が衰退し人口が減り、何よりも子どもの数が少なくなっていくなかで、新しい小中一貫校に明るい未来を見るしかない。行政の教育的効果に対する宣伝も有効に使われる。特に、児童数が減り複式学級が生じた場合、保護者の不安は大きくなる。

そのような煽られた不安感は、道州制に向けて地域を再編していく政策に巧みに利用されていく。岡田知弘は、この間の総務省や地方分権推進委員会などの地方改革構想が「限界集落」と「コンパクトシティ」をセットにした政策を提起しているとする。すなわち「限界集落」を再編し、場合によっては集落ごと移転させて、住民に都心部へ移動してもらい、そこに医療、福祉、買い物などの機能を集中するというのである。「コンパクトシティ」とは、広大な都市の中の中心市街地に都市機能を集約することであり、まさに「過疎の勧め」なのである（岡田知弘『道州制で日本の未来はひらけるか』自治体研究社、二〇〇八年、など参照）。過疎地における小中一貫校はまさにその政策に合致する。

また、民主党政権は、これまで行われてきた義務教育国庫負担制度のもとでナショナルミニマムが規定され、どんな小規模校にも学級数に応じて教員が配置される制度を見直し、例えば一括交付金の中から自治体の責任で教員給与を捻出しなければならないような制度へ転換する方向性を示している（日本教育法学会新教育基本法法制研究特別委員会、前掲書参照。例えば民主党の「学校教育環境整備推進法案」などに見てとれる)。自治体にとっては、たくさんの小規模校をまとめていくことによるコスト削減は緊急の課題となっていく。

●地域づくり構想の中に学校を位置づけて

そのような動向に対して、どのような対抗軸を構想していけばよいのだろうか。

小中一貫校ではないが、学校統廃合が過疎地の子どもたちに与えたダメージについて、新潟県旧山北町(二〇〇〇年に村上市に合併)を調査した坂井大空は以下のように分析している(坂井大空「地域における学校の役割と学校統廃合の実態」新潟大学教育学部二〇〇九年度卒業論文、参照)。山北町ではかつて海岸部に四校、中間部に三校、山間部に二校と集落に応じて規則的に配置された八校の小学校が存在したが、〇四年に海岸部の二校のみに統合された。その統合委員会の審議過程では、特に学校がなくなる中間部、山間部の小学校関係者から、統合による過疎化、いじめの出現など問題点が挙げられ、「少ない子どもを地域全体で育てているので問題はないのになぜ統合なのか」といった反対意見が見られた。そして統合後の教師へのインタビューからは、「子どもたちの問題行動は断然増加した」といった意見が挙げられた。その理由として、学校統廃合後、教師と子どもの人間関係の形成が困難になったが、バス通学であるため家庭訪問ができず「対策が打てない、指導の仕様がない」といった点が挙げられる。また、かつて地域の人が中心になって行ってきた総合の授業(伝統的な行事や伝統工芸など)も行われなくなり、学校と地域の関係が疎遠になってしまったという。

坂井は、過疎化、少子高齢化により学校統廃合が行われた自治体でさらに若年層が流出して限界集落化

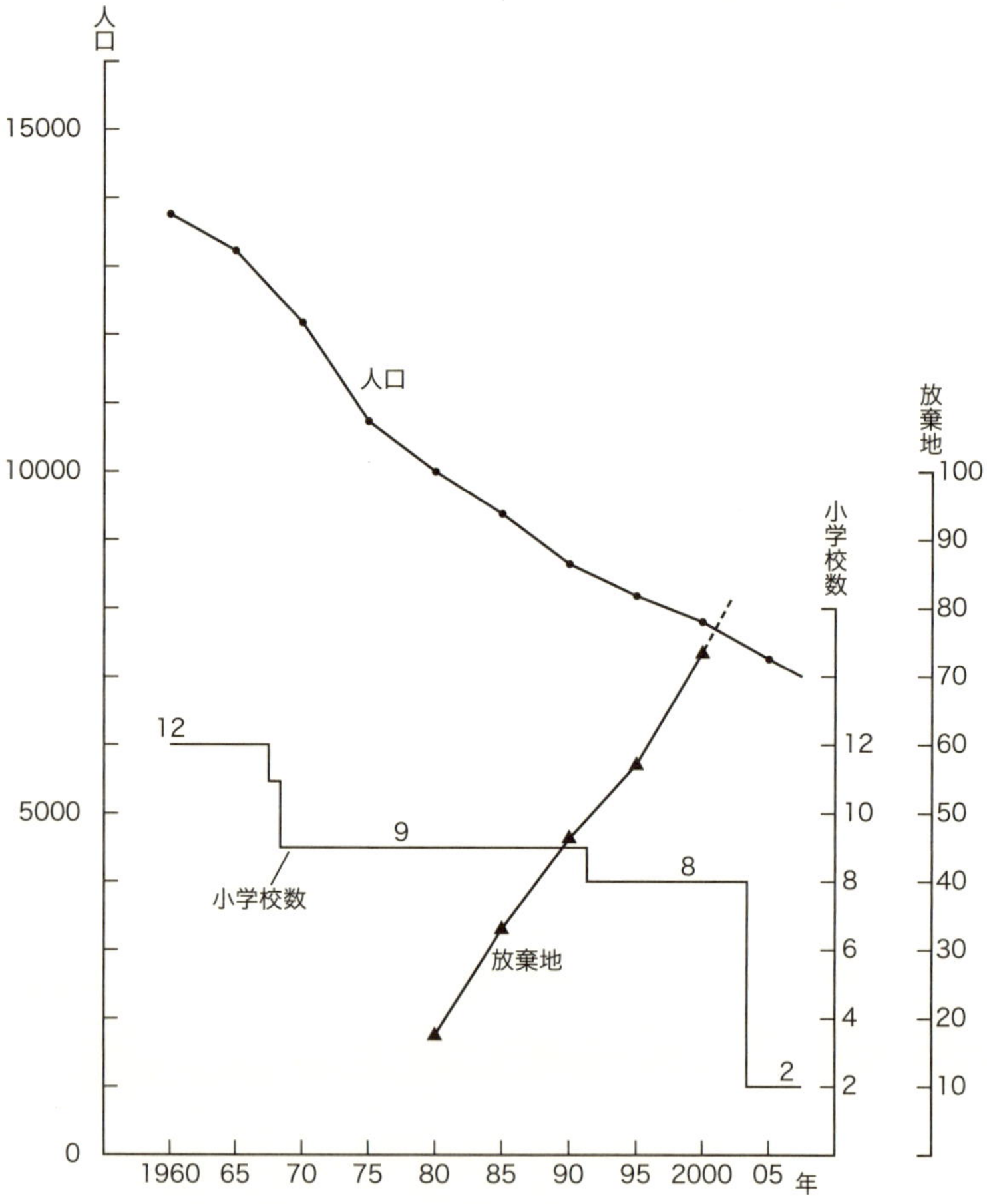

図2　新潟県旧山北町の人口・学校統合・耕作放棄

し、基幹産業であった農業、特に稲作が衰退していくというサイクルが見られると分析する。そして、新潟県内一〇八市町村中、二三自治体がこれに該当するという。

図2は、調査対象の旧山北町における、学校統廃合による校数の減少と人口の変化、および稲作放棄地の増加の相関関係を示したものである。統廃合が行われ始めてから人口が急激に減り、五〜六年後に稲作放棄地が急増していく。近年、政府の農業政策の混乱も反映して農業経営は困難な状況にあり、さらに県の人口減、少子化は顕著である。それに対して産業構造の転換に成功しない限りこの状況を変えていくことはむずかしい。いたずらな学校統廃合が問題の抜本的な解決策になるわけではないといえる。親の不安を煽り、安易に小中一貫校という学校統廃合を進めることは、地域にとって抜本的な問題解決の方向をさぐる努力をそいでしまうことになる。

将来的な産業構造の展望も含めた、地域づくり、まちづくりのプランニングを、住民参加のもとで進めていくことの中に、のぞましい学校の在り方も位置づけられなくてはならない。たとえ極端な少子化でやむをえず統合するような場合にも、地域住民にとって望ましい学校像について時間をかけて検討していくことはできないだろうか。また、将来の地域の担い手としての子どもたち、子どもの成長、発達にとっての地域の価値といったものに配慮していくことが必要なのだろう。

追記　全国の小中一貫校の実態については、調査中に次々と新しいケースを〝発見〟したため、さらに追加されるべき自治体・学校があると思われる点をご了承ください。

選択制も二学期制も行政はあれだけ絶賛しておいて、早くも下火になりました。ダメージを被るのは子どもたち、保護者、コミュニティです。この本が小中一貫教育の実態を知っていただく一助となれば幸いです。

編　者
山本由美（やまもと・ゆみ）　和光大学現代人間学部教授

執筆者
西田恭平（にしだ・きょうへい）　教育評論家
浜中　順（はまなか・じゅん）　羽村の教育を考える会
鈴木健三（すずき・けんぞう）　ゆきとどいた教育をすすめる栗原市民の会
佐藤茂雄（さとう・しげお）　ゆきとどいた教育をすすめる栗原市民の会

小中一貫教育を検証する

2010年8月10日　初版第1刷発行
2015年6月15日　初版第2刷発行

編者 ——山本由美
発行者 —平田　勝
発行 ——花伝社
発売 ——共栄書房
〒101-0065　東京都千代田区西神田2-5-11出版輸送ビル2F
電話　03-3263-3813
FAX　03-3239-8272
E-mail　kadensha@muf.biglobe.ne.jp
URL　http://kadensha.net
振替　00140-6-59661
装幀 ——神田程史
印刷・製本 —シナノ印刷株式会社

ISBN978-4-7634-0581-4 C0036